NACH DERIB + JOB

YAKARIS GROSSES INDIANERBUCH

HALLO, LIEBE KINDER,

ich bin Yakari, ein Indianerjunge aus dem Stamm der Sioux, und erzähle euch in diesem Buch von meinen Abenteuern. Mit meinen sechs Jahren habe ich schon ziemlich viel erlebt, kann ich euch sagen. Wenn ich da nur an den Kampf mit dem wilden Vielfraß denke oder als ich bei den fröhlichen Bibern Birkenrinde probieren musste – brrr ..! Aber das könnt ihr ja gleich alles selbst nachlesen. Siebzehn spannende, aber auch lustige Geschichten erwarten euch.

Natürlich bin ich nicht alleine – am liebsten spiele ich mit meinem Freund Kleiner Dachs und meiner Freundin Regenbogen. Wir galoppieren auf unseren Pferden durch die Prärie, beobachten die Jäger unseres Stammes bei der Jagd oder spielen Fangen im Indianerdorf zwischen den Tipis.

Ach ja, die Pferde – mein Mustang Kleiner Donner ist auch mein Freund, ebenso wie mein Totemtier Großer Adler. Totem heißt bei uns Indianern, dass der Adler mein Beschützer ist, immer auf mich aufpasst und mir in Notfällen hilft. Außerdem hat mir Großer Adler noch eine ganz besondere Gabe verliehen: Ich kann mit den Tieren sprechen und sie verstehen.

Deshalb weiß ich auch tolle Dinge über die Tiere und die Natur aus der Welt, in der ich lebe. In diesem Buch zeige ich euch zum Beispiel zwischen den Geschichten, wie man Spuren liest oder welche Blätter zu welchem Baum gehören, welcher Vogel schön singen kann und welcher gar nicht. Außerdem findet ihr ganz einfache Bastelanleitungen für tolle Indianersachen zum Selbermachen – bunten Kopfschmuck, eine Friedenspfeife, eine Indianerschale und noch viel mehr. So könnt ihr euch auch in eurem Zuhause ein bisschen wie ich in meinem Tipi fühlen.

Habt viel Spaß beim Lesen und Basteln!

EUER YAKARI

INHALT

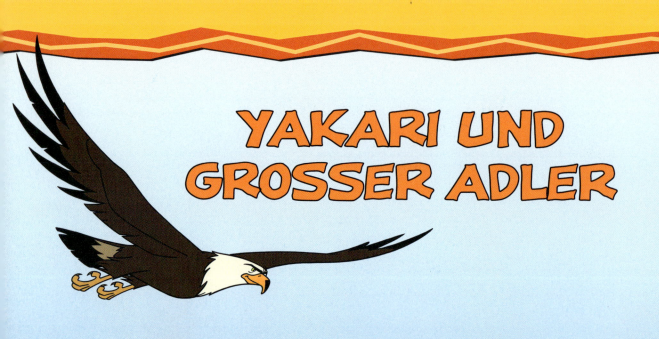

YAKARI UND GROSSER ADLER

E ines Tages machen sich die Jäger des Sioux-Stammes auf, um Wildpferde einzufangen.

„Und Ehre dem, dem es gelingen sollte, Kleiner Donner zu fangen!", ruft Spitzer Pfeil seinen Stammesbrüdern zu, ehe sie losreiten.

„Vater", fragt Yakari Kühner Blick. „Wer ist Kleiner Donner?"

„Ein kräftiges und mutiges Pony. Fast genauso hitzköpfig wie mein Sohn Yakari", antwortet Yakaris Vater.

„Dreimal ist es uns schon entwischt", sagt Spitzer Pfeil im Vorbeireiten. Yakari möchte das Pony zu gerne sehen.

„Hey, ich weiß einen Platz, von wo aus man die Mustangs sehen kann", sagt Yakaris Freund Kleiner Dachs.

„Worauf warten wir dann noch?", fragt Yakari. Heimlich folgen sie den Jägern in ihrem Kanu. Im Tal der Mustangs legen sich die beiden auf die Lauer.

Yakari zeigt auf ein stolzes, schwarz-weiß geflecktes Pony mit blonder Mähne.

„Das muss Kleiner Donner sein."

Plötzlich reiten die Jäger des Sioux-Stammes mit wildem Geschrei in das Tal. Die Pferde schrecken auf und galoppieren in alle Richtungen davon. Spitzer Pfeil verfolgt Kleiner Donner in eine Schlucht. Plötzlich endet der Weg an steilen Felsen.

„Dieses Mal hast du dich endgültig ausgetrickst. Nun gehörst du mir, kleines Pferdchen", freut sich Spitzer Pfeil.

Aber das schlaue Pony überrascht ihn mit einem gewaltigen Sprung und entkommt dem Lasso.

Der Sioux murmelt: „Dieses Pony hat Flügel an seinen Hufen. Niemand wird es je bezwingen." ▷

Yakari und Kleiner Dachs sind rechtzeitig wieder aus dem Tal der Mustangs aufgebrochen, um vor den Männern das Indianerdorf zu erreichen. Als die Jäger alle Pferde eingefangen haben, kehren auch sie zurück ins Indianerdorf.

„Wo ist Kleiner Donner?", fragt Yakari.

„Der hat mich glatt reingelegt", antwortet Spitzer Pfeil.

„Er meint: Kleiner Donner war schneller", sagt Kühner Blick mit einem Augenzwinkern.

„Er ist schneller", gibt Spitzer Pfeil zu.

Yakari will Kleiner Donner unbedingt wiedersehen und macht sich sofort auf die Suche nach ihm. Schließlich findet er Kleiner Donner in einer Schlucht. Aber der junge Mustang steckt mit einem Bein zwischen den Steinen einer Geröllllawine fest. Yakari muss ihn schnell befreien, sonst könnten ihn nachrutschende Gesteinsbrocken überrollen.

„Ist ja gut, Kleiner Donner, beruhige dich doch", besänftigt er das aufgeregte Tier. „Ich hole dich da raus. Aber dazu musst du mir vertrauen. Hörst du?"

Er streichelt Kleiner Donner, beugt sich zu dem eingeklemmten Hinterlauf hinunter und sagt mit sanfter Stimme: „Pass auf, Kleiner Donner: Steh ganz still! Die Felsen erschlagen uns, wenn du nicht still stehst."

Vorsichtig rollt Yakari einen Stein nach dem anderen von dem Huf des Pferdes weg. Endlich hat er es geschafft. „Lauf schon, Kleiner Donner! Du bist frei."

Doch da passiert es: Aus der Felswand löst sich noch mehr Geröll, und ein riesiger Steinbrocken purzelt den Abhang hinunter. Starr vor Schreck sieht Yakari den gewaltigen Felsklotz auf sich zurollen.

Dann, im allerletzten Moment, fliegt ein großer Adler herbei, hebt Yakari hoch und trägt ihn auf seinem Rücken hinauf in den Himmel. Höher und höher steigt der Vogel mit ihm auf. Großer Adler hat ihm das Leben gerettet.

Yakari springt auf einem Felsvorsprung ab, auf dem der Adler gelandet ist.

„Danke! Danke, dass du mich gerettet hast", sagt er strahlend und streicht dem großen Vogel über die Federn.

„Das habe ich gern getan, Yakari", antwortet Großer Adler ruhig.

„A-aber du sprichst ja ... und kennst meinen Namen?", wundert sich Yakari. ▶

15

Der Adler nickt und sieht ihn liebevoll an.

„Ja, und ich weiß noch vieles andere über dich. Ich habe gesehen, dass du dich dem Pferd gegenüber gerade sehr großmütig verhalten hast. Und das verdient Dank."

„Das hast du eben gesehen?", fragt Yakari.

„Ich bin stets an deiner Seite, Yakari! Ich bin dein Totem. Ich bin dein Beschützer! Und nun weiß ich auch, du bist ein Freund der Tiere und verdienst Vertrauen. Schließe die Augen, Yakari!"

Yakari hält sich die Augen mit beiden Händen zu. Großer Adler zieht sich mit seinem Schnabel eine Feder aus dem Gefieder und schenkt sie dem Indianerjungen.

„Dies ist meine allerschönste Feder. Sie ist ein Zeichen deiner Tapferkeit und unserer ewigen Verbundenheit."

Yakari ist so glücklich, dass er gar nicht weiß, wie er sich bedanken soll. Und ehe er etwas sagen kann, erhebt sich Großer Adler in die Luft und ruft ihm zu: „Erweise dich auch weiterhin als ihrer würdig."

Yakari sieht sich die Feder genau an, bevor er sie freudig in sein Stirnband steckt. Anschließend macht er sich singend und tanzend vor Freude auf den Heimweg und klettert die Felsen wieder hinunter.

Er begreift sein Glück kaum, und als er eine Wiese erreicht, wirft er sich ins Gras und sagt: „So ein toller Tag! Erst Kleiner Donner und dann Großer Adler. Oder war das ein Traum? Nein, die Feder ist ja noch da. Ich bin Kleiner Donner ganz nahe gekommen. Ich konnte ihn sogar berühren", ruft er begeistert und spielt die Begegnung mit dem Mustang nach.

„Ich brauchte meine Hand nur auszustrecken und hab ihn ...
äh ..."

Als Yakari aufsieht, liegt seine Hand auf dem weichen Fell
von Kleiner Donner, der sich direkt neben ihn geschlichen
hat. Yakari gibt dem Pony von den Maiskolben zu fressen,
die in der Nähe wachsen. Damit hofft er, das Vertrauen
von Kleiner Donner zu gewinnen. Aber als er versucht
aufzusitzen, um auf Kleiner Donner zu reiten, wirft das Pony
ihn ab.

„Irgendwann steige ich auf deinen Rücken, Kleiner
Donner", verspricht Yakari dem wilden Pony. „Mir fällt schon
noch ein Trick ein, wie ich das hinkriege."

Plötzlich hört Yakari Kleiner Donner antworten: „So ganz
bestimmt nicht. Das ist ja lächerlich!"

Der kleine Sioux traut seinen Ohren nicht.
„Aber du kannst ja reden", staunt er.
„Klar", antwortet Kleiner Donner. „Und
verstehen kann ich dich auch noch",
fügt das Pony hinzu. ▷

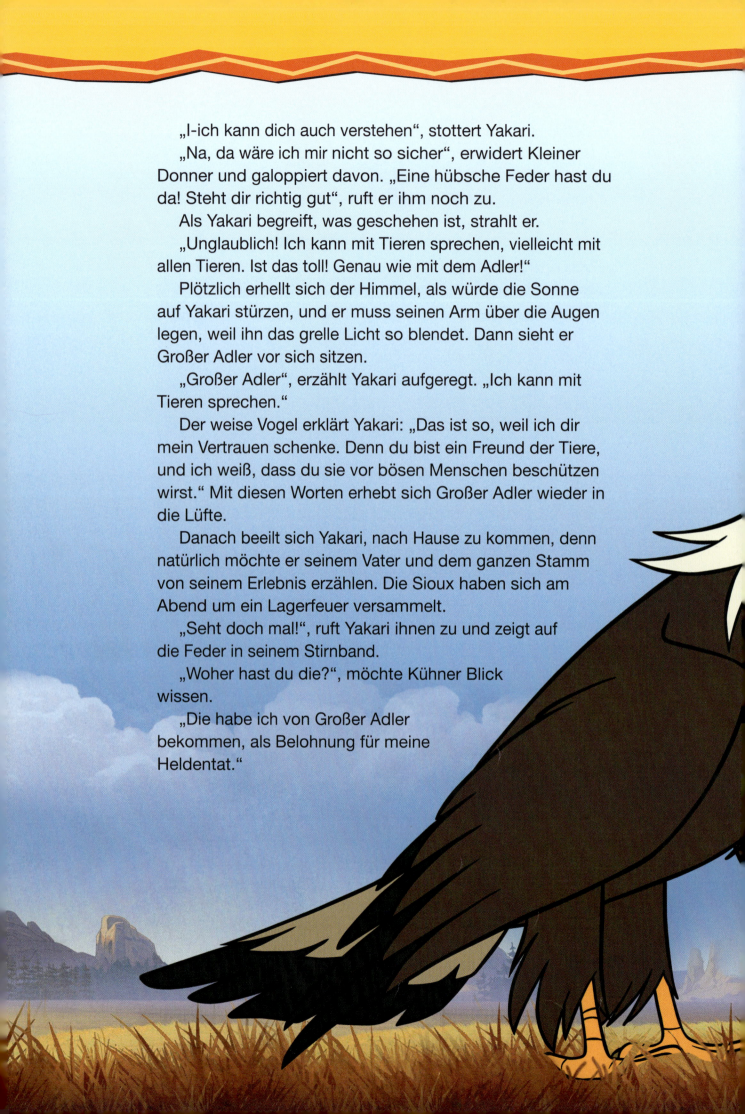

„I-ich kann dich auch verstehen", stottert Yakari.

„Na, da wäre ich mir nicht so sicher", erwidert Kleiner Donner und galoppiert davon. „Eine hübsche Feder hast du da! Steht dir richtig gut", ruft er ihm noch zu.

Als Yakari begreift, was geschehen ist, strahlt er.

„Unglaublich! Ich kann mit Tieren sprechen, vielleicht mit allen Tieren. Ist das toll! Genau wie mit dem Adler!"

Plötzlich erhellt sich der Himmel, als würde die Sonne auf Yakari stürzen, und er muss seinen Arm über die Augen legen, weil ihn das grelle Licht so blendet. Dann sieht er Großer Adler vor sich sitzen.

„Großer Adler", erzählt Yakari aufgeregt. „Ich kann mit Tieren sprechen."

Der weise Vogel erklärt Yakari: „Das ist so, weil ich dir mein Vertrauen schenke. Denn du bist ein Freund der Tiere, und ich weiß, dass du sie vor bösen Menschen beschützen wirst." Mit diesen Worten erhebt sich Großer Adler wieder in die Lüfte.

Danach beeilt sich Yakari, nach Hause zu kommen, denn natürlich möchte er seinem Vater und dem ganzen Stamm von seinem Erlebnis erzählen. Die Sioux haben sich am Abend um ein Lagerfeuer versammelt.

„Seht doch mal!", ruft Yakari ihnen zu und zeigt auf die Feder in seinem Stirnband.

„Woher hast du die?", möchte Kühner Blick wissen.

„Die habe ich von Großer Adler bekommen, als Belohnung für meine Heldentat."

„Welche Heldentat, Yakari?", fragt der Medizinmann Der-der-alles-weiß. „Kannst du das beweisen?"

„Wie der Wind trägt die Fantasie den Jungen fort", lächelt Spitzer Pfeil spöttisch.

Kühner Blick führt Yakari weg vom Lagerfeuer, an einen Platz abseits der anderen Stammesbrüder.

„Gib die Feder her, Yakari!", sagt Kühner Blick und streckt die Hand aus.

„Aber ...", versucht der kleine Indianer zu widersprechen.

„Du hast die Feder sicher verdient, mein Sohn. Doch erst musst du das dem Stamm gegenüber beweisen. Nur wer vor aller Augen eine Heldentat begangen hat, darf die Feder eines Adlers tragen. Und du wirst noch viele große Taten vollbringen", erklärt Kühner Blick ruhig seinem Sohn.

„Ich werde Kleiner Donner zähmen. Und dann gehört die Feder von Großer Adler wirklich mir!", verspricht Yakari seinem Vater und noch mehr sich selbst.

INDIANER-STIRNBAND

Das brauchst du

- ▷ Wellpappe mit großen Wellen (z. B. Verpackungsmaterial) oder buntes Tonpapier
- ▷ Federn
- ▷ Filzstifte
- ▷ Klebstoff, Klebeband
- ▷ dicke Nadel, Locher
- ▷ Kordel

Mit Wellpappe:

20

So wird's gemacht

1. Schneide aus der Wellpappe oder dem Tonpapier einen etwa 5 cm breiten Streifen aus, der um deinen Kopf reicht.

Mit Wellpappe:

2. Jetzt malst du die nicht gewellte Seite der Pappe mit Indianermustern an.

3. In die Wellen kannst du dann ganz einfach Federn deiner Wahl stecken. Durch die jeweils letzte Welle auf jeder Seite fädelst du zum Schluss ein Stück Kordel. So kannst du das Stirnband zubinden.

Mit Tonpapier:

2. Zum Verzieren schneidest du Figuren wie Drei- oder Vierecke aus Tonpapier aus und klebst sie mit etwas Abstand auf das Stirnband. Oder du malst das Papier einfach mit bunten Mustern an.

3. Zwischen die Muster bohrst du mit einer Nadel oben und unten jeweils ein kleines Loch in die Pappe. Dadurch steckst du von hinten nach vorne und wieder nach hinten die Federn und klebst sie an der Rückseite zusätzlich mit Klebeband fest.

4. Zum Zubinden das Stirnband mit einem Locher an den Enden lochen, Kordel durchziehen – fertig!

YAKARI UND KLEINER DONNER

Jeden Morgen sieht Yakari sich die schöne Feder an, die Großer Adler ihm geschenkt hat. Aber er darf sie erst tragen, wenn er vor den Männern des Stammes seinen Mut gezeigt hat. Und dazu ist er fest entschlossen. Mit seiner Freundin, dem Sioux-Mädchen Regenbogen, macht er sich auf die Suche nach Kleiner Donner.

Yakari will den wilden Mustang unbedingt wiedersehen und wissen, ob es ihm gelingt, auf ihm zu reiten. Statt des Ponys treffen sie in der Prärie auf ein Puma-Junges, das scheinbar ganz allein ist.

Doch da taucht plötzlich die Mama des kleinen Pumas auf und will ihr Junges wild fauchend verteidigen.

Yakari ruft seiner Freundin zu: „Lauf weg, Regenbogen!", und lenkt das Puma-Weibchen in die andere Richtung.

Yakari läuft und läuft, so schnell er kann. Mutter Puma folgt ihm. Plötzlich fällt der kleine Sioux in eine Mulde, und die Wildkatze verliert seine Spur. Endlich ist er gerettet! Aber wo befindet er sich?

Nachdem Yakari wieder aus dem Loch geklettert ist und den ganzen Tag den Heimweg gesucht hat, ist es inzwischen dunkel geworden. So verbringt er die Nacht auf dem Ast eines Baumes. Immer wieder schrecken ihn die Geräusche des Waldes auf.

Dann hört er lautes Heulen und Fauchen. Deshalb steigt er von seinem Ast und sucht nach der Ursache. Fast wäre er dabei schon wieder in eine Grube gefallen. Er sieht hinein und findet dort das Puma-Baby: gefangen in der Fallgrube.

„Du schon wieder", seufzt Yakari. „Bis jetzt hat es mir nicht gerade Glück gebracht, nett zu dir zu sein." Trotzdem klettert er hinab, nimmt das Wildkätzchen auf den Arm und rettet es.

Großer Adler beobachtet den Jungen von der Spitze eines hohen Baumes aus und murmelt: „Sehr gut, Yakari, sehr gut!" ▷

Als der Morgen graut, weckt Großer Adler den kleinen Sioux, der unter dem Baum wieder eingeschlafen ist. „Du musst dich beeilen", warnt er Yakari. „Im Wald ist ein Feuer ausgebrochen. Es brennt lichterloh. Rette dich, so schnell du kannst!"

Sofort rennt Yakari los und flieht mit den Tieren des Waldes vor dem alles verschlingenden Feuer. Aber das Feuer frisst sich schneller durch den Wald, als Yakari laufen kann.

„Hilfe!", ruft Yakari in seiner Not. „Hilfe!" Das Feuer hat ihn eingeschlossen. Von allen Seiten züngeln die heißen Flammen nach ihm. Yakari findet keinen Ausweg mehr.

Kleiner Donner, der ebenso vor dem Feuer flieht, hört ihn husten und nach Hilfe rufen. Er zögert keine Sekunde. Mutig springt er durch die lodernden Flammen und ruft: „Spring auf, Yakari!" Er rettet den Jungen auf seinem Rücken.

„Danke, Kleiner Donner!", sagt Yakari erleichtert. Aber die beiden befinden sich noch immer in Gefahr.

Da erscheint Großer Adler und ruft ihnen zu: „Folge mir, Kleiner Donner! Ich zeige dir, wo ihr in Sicherheit seid." Schnell galoppiert Kleiner Donner hinter dem Adler her.

Yakari schläft vor Erschöpfung auf dem Rücken des Ponys ein. Er erwacht auf einem Stein am Ufer des Großen Flusses.

Als er Kleiner Donner und Großer Adler vor
sich stehen sieht, sagt er: „Ihr seid meine besten
Freunde", und umarmt Kleiner Donner.
   Doch Großer Adler mahnt: „Yakari, vergiss nicht
deinen Stamm!"
   „Du hast recht, Großer Adler", antwortet Yakari. „Die
werden sich alle Sorgen machen." Und schon läuft er los.
Als er auf einem Hügel ankommt, sieht er die Tipis seines
Stamms. Er dreht sich noch einmal um, winkt seinen Freunden
zu und ruft: „Danke! Ihr habt mir das Leben gerettet!" ▷

Als der Sioux-Junge schon fast zu Hause ist, wiehert Kleiner Donner hinter ihm her: „Warte, Yakari!"

Der kleine Indianer dreht sich um.

„Hast du nicht etwas vergessen?", fragt Kleiner Donner ihn.

Yakari sieht ihn fragend an.

„Dein Pony! Los, spring auf!", fordert ihn der Mustang fröhlich auf.

„Wirklich? Darf ich …?" Yakari kann es gar nicht glauben.

Als Kleiner Donner nickt, springt Yakari überglücklich auf seinen Rücken.

„Aber du musst mir versprechen, mir niemals Zügel anzulegen. Ich mag meine Freiheit sehr", mahnt das Pony seinen neuen kleinen Freund.

„Großes Indianerehrenwort", schwört Yakari.

„Sag mir immer nur, wohin du gerne möchtest", erklärt
Kleiner Donner noch.

Da muss Yakari nicht lange überlegen.

„Zurück nach Hause!", sagt er, und Kleiner Donner
galoppiert los.

Als sie an einigen grasenden Wildpferden vorbeikommen,
wundert sich eines von ihnen und fragt: „Was, Kleiner
Donner lässt einen Menschen auf sich reiten?"

Ein anderes schnaubt verächtlich.

Aber Kleiner Donner meint gelassen: „Lass sie nur reden,
sie wissen nicht, was wahre Freundschaft ist."

Yakari streichelt voller Freude den Hals des Mustangs.
Stolz reitet er auf Kleiner Donner in das Indianerdorf.

Regenbogen läuft ihnen aufgeregt entgegen.
Yakari und Kleiner Donner begrüßen sie. ▷

27

„Du hattest recht, Yakari. Kleiner Donner ist das schönste Pony, das ich je gesehen habe", ruft das Sioux-Mädchen bewundernd.

Jubelnd empfangen die Dorfbewohner sie. Die Männer des Stammes sehen ihnen staunend hinterher, während der Junge und sein Mustang durch das Zeltdorf reiten.

„Wie hat Yakari es bloß geschafft, Kleiner Donner zu zähmen?", fragt Spitzer Pfeil den Krieger neben sich.

Bei Yakaris Vater angekommen, bleibt Kleiner Donner stehen.

Kühner Blick empfängt sie mit den Worten: „Ich weiß, dass du sehr mutig bist, mein Sohn. Du hast Regenbogen vor einem Puma gerettet, bist einem Waldbrand entkommen und nun kehrst du auf Kleiner Donner zu deinem Stamm zurück. Du hast nicht nur eine Heldentat vollbracht, sondern gleich drei!"

Dann hält Kühner Blick die Feder von Großer Adler in die Höhe, sodass alle versammelten Stammesschwestern und Stammesbrüder sie sehen können. Zuletzt reicht er sie Yakari.

„Ich bin sehr stolz auf dich", sagt er zu seinem Sohn.
„Danke", freut sich Yakari.
Während der Junge die Feder glücklich in sein Stirnband
steckt, sagt sein Vater erleichtert: „Doch das Schönste ist, dass
wir dich endlich wieder bei uns haben."

WEISSKOPF-SEEADLER

Großer Adler ist ein Weißkopfsee-adler und Yakaris Totemtier. Er beschützt Yakari vor Gefahren und hat dem kleinen Sioux außerdem die Gabe verliehen, mit Tieren zu sprechen.

Weil Adler hoch oben über Menschen und Tieren fliegen können und außerdem sehr scharfe Augen haben, wurden sie von den Indianern besonders verehrt. Adler gelten als Könige der Lüfte und stehen für Mut, Weitblick und Kraft – deshalb durfte

Weißkopfseeadler Fakten

Körperlänge
70–90 Zentimeter

Flügelspannweite
1,80–2,30 Meter

Gewicht
2,5–6,3 Kilogramm

sich auch nur ein Indianer mit Adlerfedern schmücken, der sich besonders mutig verhalten hat.

Viele Länder der Erde, auch Deutschland, haben sich den Adler als Wappentier ausgesucht. In den Vereinigten Staaten von Amerika ist es sogar genau der Weißkopfseeadler. Der lebt dort vor allem in den Küstengebieten und an großen Flüssen oder Seen.

Gut zu wissen

▶ Von seinem weiß gefärbten Kopf und Hals hat der Weißkopfseeadler seinen Namen. Aber auch die Schwanzfedern sind weiß.

▶ Zur Nahrung des Weißkopfseeadlers gehören hauptsächlich Fische und kleine Wasservögel. Dabei fliegt der Vogel zum Beispiel dicht über dem Wasser und greift so seine Beute.

▶ Das Nest eines Adlers nennt man einen Adlerhorst. Den baut der Vogel aus dicken Ästen auf hohe Bäume oder in Nischen von Felswänden.

▶ Adlerweibchen legen bis zu drei Eier ab, aus denen nach ungefähr 33–36 Tagen die Jungen schlüpfen.

YAKARI
BEI DEN BIBERN

Regenbogen hat sich aus zwei Baumstammstücken ein kleines Floß gebaut.

Yakari lacht sie aus und spottet: „Glaubst du, das Holzding wird dich wirklich tragen?"

„Du siehst doch, wie es schwimmt!", antwortet das kleine Sioux-Mädchen. „Ich wette, ich bin als Erste bei der Schmetterlingsgabel!"

„Gut, die Wette gilt", sagt Yakari und schiebt sein Kanu ins Wasser.

Dann spannt Regenbogen das Tuch, das sie mitgenommen hat, wie ein Segel auf. Sofort bläst der Wind hinein und treibt sie voran.

„Die Arme eines Sioux sind stärker als der Wind", prahlt Yakari und paddelt verbissen.

Plötzlich ruft Kleiner Donner, der am Ufer vorausgelaufen ist: „Vorsicht!", aber zu spät – Regenbogen und Yakari sausen eine Stromschnelle hinunter und direkt in einen Biberstaudamm hinein.

Die Biber regen sich schrecklich auf, aber Yakari verspricht, ihnen beim Wiederaufbau zu helfen.

„Schau nur genau hin, Yakari!", rät ihm Opa Biber. „Dann kannst du etwas lernen. Damit der Damm auch gut hält, verstärken wir ihn mit Schlamm und Blättern."

„Raffiniert! Und solide", findet Yakari.

„Erst wenn der Damm fertiggestellt ist, bauen wir unsere Unterkünfte, geschützt vor der Strömung", erklärt Opa Biber stolz weiter.

Auf dem Damm klopfen die Biber inzwischen mit ihren flachen Schwänzen den mit Blättern vermischten Schlamm zwischen die Hölzer und drücken ihn fest in die Zwischenräume. ▷

Das macht hungrig! Deshalb haben die Biberfrauen
auf der Wiese leckere Biberspeisen zubereitet.

„Zu Ti-isch!", rufen sie laut.

„Mmmh, bravo!", jubelt einer der Biber und reibt
freudig seinen Bauch. Yakari und Regenbogen sehen
sich den Biberschmaus etwas verdutzt an.

„Hm, ääh!", macht Yakari ratlos. „Es sieht alles sehr
appetitlich aus. Was ist das denn genau?"

„Blätterknospen und Birkenrinde. Unser Leibgericht."
Mama Biber, die übrigens Wilde Rose heißt, hat sich bei
der Zubereitung viel Mühe gegeben.
Yakari probiert ein Stück Birkenrinde. Alle Biber sehen
ihm gespannt zu. Nur Regenbogen blickt misstrauisch
auf ihren Freund.

Zu ihrem Erstaunen sagt er: „Mmh, lecker! Es pikst zwar ein bisschen, aber es schmeckt echt toll!" Auch Regenbogen kostet. Nun beginnen die Biber ebenfalls zu essen.

Leise raunt Yakari: „Hey, Kleiner Donner!"

„Komme!", antwortet das Pony und trabt heran. Yakari und Regenbogen wedeln hinter ihrem Rücken mit der Birkenrinde. Heimlich frisst das Pony ihnen die Rinde aus den Händen. Die beiden tun weiterhin so, als würde ihnen die Mahlzeit köstlich schmecken, um ihre neuen Freunde nicht zu kränken.

Der kleine, freche Biber Lindenbaum hat sich inzwischen Regenbogens Floß ausgeliehen, um auf dem Fluss eine ▷

35

Fahrt zu wagen. Doch auf einmal treibt das Floß schnell flussabwärts.

Yakari springt in sein Kanu und nimmt die Verfolgung auf. Regenbogen reitet auf Kleiner Donner am Ufer entlang. Dem Biberjungen macht das Segeln richtig Spaß. Aber nicht lange! Denn plötzlich tauchen die Stromschnellen auf.

„Auweia!", ruft Kleiner Donner.

„Hilfe!", schreit Lindenbaum.

Yakari kann den Biber gerade noch packen und vom Floß in sein Kanu ziehen. Schon sausen sie senkrecht die Stromschnelle hinunter. Zu ihrem Unglück schlägt das Kanu auf einen Stein auf und wirft die beiden in hohem Bogen durch die Luft, bis sie zusammen ins Wasser platschen.

Die Strömung treibt sie weiter flussabwärts auf eine weitere Stromschnelle zu, die sie direkt in eine unterirdische Höhle spült.

„Hurra!", jubelt Lindenbaum. „Eine Wasserrutsche!"

„Von wegen!", sagt Yakari streng. „Wir sind in einen Strudel geraten. Außerdem sitzen wir in dieser Höhle fest. Und du machst Witze."

Yakari sucht die Höhle nach einem Ausgang ab, denn durch den Strudel, der sie hineingespült hat, schaffen sie es nie und nimmer hinaus!

Hoch über ihnen entdeckt Yakari ein kreisrundes Loch. Leider sind die Steinwände zu glatt, um hinaufzuklettern.

Lindenbaum überfällt große Angst.
„Ich will sofort hier raus", jammert er.

Und wie immer, wenn die Not am größten ist, erscheint Großer Adler.

„Du bist nicht allein, Yakari. Vertraue einfach denen, die dich lieben! Du musst ihnen dabei helfen, dir zu helfen, Yakari."

〰〰〰

Da hat Yakari plötzlich eine Idee: Er rollt die feuchte Rinde eines herumliegenden Baumstammes zusammen und benutzt sie als Tröte.

Mit dieser Tröte lockt Yakari nicht nur Lindenbaums Familie, sondern auch Regenbogen auf Kleiner Donner zu dem Loch. ▷

„Wir kommen hier alleine nicht raus!", ruft Yakari zu ihnen hinauf. Dann beginnt es auch noch kräftig zu gewittern, der Fluss schwillt vom vielen Regenwasser an, und das Wasser in der Höhle steigt und steigt! Yakari und der kleine Biber sind ratlos, was sie tun sollen, und flüchten vor den Fluten auf einen höher gelegenen Felsvorsprung.

Auf einmal rutscht ein Baumstamm durch das Loch oben in der Höhlendecke, in den lauter Stufen, wie bei einer Treppenleiter, genagt sind. Die Biber-Baumeister haben ganze Arbeit geleistet. So können der kleine Biber Lindenbaum und Yakari bequem daran hinaufklettern.

Oben angekommen, begrüßt die ganze Biberfamilie Lindenbaum erleichtert. Yakari wird von Regenbogen herausgezogen, die froh ist, dass das Abenteuer noch einmal gut ausgegangen ist.

„Ich wusste, dass ich mich auf meine Freunde verlassen kann", lacht der Sioux-Junge.

„Bedank dich bei den Bibern und bei Kleiner Donner! Die Biber haben mit ihren scharfen Zähnen die Leiterstufen in den Stamm genagt, und Kleiner Donner hat sogar seine Angst vor Gewittern überwunden und die schwere Leiter dorthin gezogen", erklärt ihm Regenbogen, was passiert ist, während Yakari und Lindenbaum in der Höhle festsaßen.

Zärtlich dankt Yakari seinem Freund Kleiner Donner, der für Yakari sogar über seinen Schatten gesprungen ist.

FREUNDSCHAFTS-BÄNDCHEN KNÜPFEN

Das brauchst du

▷ Fäden (z. B. aus Wolle oder Baumwolle) in unterschiedlichen Farben, ungefähr 60 cm lang, damit das Bändchen später um dein Handgelenk passt.

Je mehr Fäden, desto bunter wird das Band, fünf sollten es mindestens sein.

▷ Klebefilm oder schweren Gegenstand wie Briefbeschwerer oder Konservendose oder Ähnliches

40

So wird's gemacht

1. Zuerst verknotest du die Fäden oben und lässt dabei ein gutes Stück überstehen (mindestens 5 cm), damit du das Band später zuknoten kannst.

2. Mit Klebefilm oder einem schweren Gegenstand fixierst du nun das obere Ende auf dem Tisch, damit die Fäden schön straff bleiben und du gut arbeiten kannst.

3. Nun legst du die Fäden so aus, dass sie einzeln nebeneinander liegen, z. B. wie auf dem Bild weiß, dunkelrot, rosa, lila, orange, rot.

4. Nimm den zweiten Faden (dunkelrot) zwischen Zeige- und Mittelfinger der linken Hand und führe den ersten Faden, also den, der ganz links außen liegt (weiß), mit der rechten Hand über den linken Daumen. Jetzt sieht es so aus, als ob die beiden Fäden in deiner Hand eine 4 bilden. Wichtig ist, dass der weiße Faden über dem dunkelroten liegt und beide Fäden straff gehalten werden.

5. Nun verknotest du den weißen Faden mit dem dunkelroten und ziehst den Knoten sauber nach oben zusammen. Dann das Ganze noch einmal. Jetzt ist der weiße Faden eine Stelle weitergewandert.

6. Dann machst du mit dem weißen Faden weiter und verknotest ihn genau so mit dem rosa, dem lila, dem orangefarbenen und dem roten Faden. Jetzt ist der weiße Faden außen und eine weiße Reihe fertig. Die anderen Farben folgen auf dieselbe Weise.

7. Tipps für Fortgeschrittene: Für Doppelreihen nimmst du einfach zwei Fäden gleicher Farbe nacheinander. Je dünner das verwendete Garn, desto feiner wird das Bändchen.

ZU VIEL VERSPROCHEN

Wo soll Yakari nur anfangen? Er möchte seiner Mutter helfen und Wasser für sie holen. Außerdem hat er Kleiner Donner einen Ausritt in die Prärie versprochen. Dem Bären hat er zugesagt, vor dessen Winterschlaf noch mal mit ihm zu essen. Denn der Winter ist schon nah! Es gibt so viel zu tun, und Yakari möchte seine Versprechen natürlich halten.

„Das macht schließlich einen großen Sioux aus", sagt er stolz.

Kleiner Donner schüttelt seine Mähne.

„Du versprichst in letzter Zeit ziemlich viel."

Yakari nickt: „Ja, also lass uns keine Zeit verlieren!"

Sie wollen gerade los, da kommt Regenbogen angerannt.

„Yakari, du hast doch versprochen, mir dabei zu helfen, einen Zaun zu bauen!"

Kleiner Donner schnaubt!

„Äh, ja", gibt Yakari zu. „Ich muss nur noch für meine Mutter Wasser holen, dann komme ich, versprochen!"

Kaum sind Yakari und Kleiner Donner losgeritten, taucht Kleiner Dachs neben Regenbogen auf.

„Was ist los?", fragt Regenbogen. „Du siehst so enttäuscht aus."

„Na ja", antwortet Kleiner Dachs, „Yakari wollte eigentlich Bisonjagd mit mir spielen."

Irgendwo muss man ja anfangen, seine Versprechen einzulösen. Deshalb galoppieren Yakari und Kleiner Donner zu ihrem Freund, dem Grizzlybären.

„Wie konntest du nur so viele Versprechungen machen?!", schimpft Kleiner Donner.

Auf einmal hören sie ein jämmerliches Meckern. Es kommt von einem Ast weit oben in der Baumkrone einer Eiche.

„Mähähähä! Yakari", meckert eine schwarze Ziege zu ihnen herunter.

„Was machst du dort oben?", wundert sich Yakari.

„Ich wollte die letzten Eicheln abknabbern, und jetzt komme ich nicht mehr runter", erwidert die Ziege.

„Wir haben's leider eilig", ruft Yakari ihr zu.

„Bitte hilf mir runter, sonst muss ich hier verhungern", fleht die Ziege.

„Ich helfe dir, versprochen", erwidert Yakari eilig.

„Und hopp! Schon wieder ein Versprechen", mischt sich Kleiner Donner ein.

Also klettert Yakari die Eiche hinauf. Er ist fast oben, da meckert die Ziege plötzlich von unten.

„Es war doch nicht so schwer. Erst bin ich auf den einen Ast, dann auf den nächsten gesprungen, und schon war ich unten."

Yakari macht es ihr nach, denn Kleiner Donner drängelt: „Jetzt aber los! Sonst verpasst du die Verabredung mit dem Grizzly." Als sie endlich zur Bärenhöhle kommen, schnarcht der Grizzly bereits.

„Oh nein!", sagt Yakari enttäuscht. „Da schläft er schon." Geknickt schleicht Yakari aus der Höhle. Er konnte sein Versprechen nicht halten.

„Dann füllen wir jetzt eben den Wasserschlauch für deine Mutter", schlägt Kleiner Donner vor.

„Ja, genau!", nickt Yakari. „Nur keine Zeit verlieren." Er beugt sich über den Bach vor der Bärenhöhle und füllt den Schlauch. „Das wäre schon mal erledigt", meint er erleichtert. „Jetzt können wir gleich weiter zu Regenbogen und ihrem Zaun."

„Nach einem kurzen Abstecher in die Prärie", meint Kleiner Donner.

„Dorthin, wo dein Lieblingsgras wächst, richtig?", lacht Yakari.

„Ja", wiehert Kleiner Donner.

„Schlaf gut, Grizzly!", ruft Yakari seinem Freund, dem Bären noch zu. „Wir sehen uns im Frühling wieder."

Auf halbem Weg in die Prärie treffen sie Großer Grauer, das Pferd von Regenbogen und Kleiner Donners Freund. Auch Schneller Blitz ist da.

„Schneller Blitz!", sagt Yakari erstaunt zu dem Pferd von Kleiner Dachs. „Ist Kleiner Dachs auch da?"

„Der hilft doch gerade Regenbogen", antwortet Schneller Blitz kauend. ▷

Yakari erschrickt. „Oh nein! Ich komme schon wieder zu spät", jammert er und springt von Kleiner Donners Rücken.

„Kommst du, Kleiner Donner?", fragt Großer Grauer. „Wir haben dir noch etwas übrig gelassen. Hier gibt's die letzten Beeren dieses Jahres." So ein leckeres Festessen unter Freunden lässt sich Kleiner Donner natürlich nicht entgehen.

Deshalb muss Yakari nun auch noch zu Fuß zu Regenbogen gehen. Er springt über Steine, klettert über Felsen und rennt über Wiesen. Endlich kommt er völlig außer Atem bei der Stelle an, an der Regenbogen den Zaun aufstellt. Er hofft so sehr, dass er noch rechtzeitig kommt, um sein Versprechen einzulösen.

Aber Kleiner Dachs hat den Zaun bereits fertig gebaut.

„Danke für deine Hilfe!", sagt die kleine Indianerin gerade zu ihm.

„Regenbogen, Kleiner Dachs!", ruft Yakari von Weitem.

„Ach, Yakari! Auch schon da?", fragt Kleiner Dachs grinsend.

„Wie ich sehe, komme ich zu spät", keucht Yakari atemlos.

„Halb so schlimm", beruhigt ihn Regenbogen. „Kleiner Dachs hatte ja gerade Zeit, weil er nicht mit dir Bisonjagd spielen konnte."

Yakari schlägt sich mit der flachen Hand auf die Stirn. „Das auch noch! Das hatte ich völlig vergessen."

„Weißt du, Yakari, man sollte Versprechen auch halten", mahnt Regenbogen ihn freundlich.

„Das weiß ich", stimmt Yakari ihr geknickt zu. „Es tut mir auch sehr leid."

„Ist ja gut, wir necken dich nur", lacht Kleiner Dachs beruhigend. „Aber versprich das nächste Mal vielleicht ein bisschen weniger."

Yakari verspricht es. Da lachen Regenbogen und Kleiner Dachs. Yakari kann es einfach nicht lassen.

Dann machen sich die drei auf zu Kleiner Donner, Großer Grauer und Schneller Blitz, die immer noch Beeren fressen.

Unterwegs zu den Pferden sagt Yakari: „Eigentlich wollte ich mich einfach nur nützlich machen. Erst hatte ich meiner

Mutter versprochen ..." Da entdeckt Yakari den Wasserschlauch, den er über Kleiner Donners Rücken gelegt hat.

„Oh nein! Auch das noch! Der Wasserschlauch. Er hat ein Loch."

Das ganze Wasser ist ausgelaufen. Geknickt setzt sich Yakari auf den Rücken seines Ponys. Langsam reiten sie zum Indianerdorf. Yakari ist traurig.

„Ich habe es nicht einmal geschafft, ein Versprechen zu halten. Die Ziege ist ohne meine Hilfe vom Baum geklettert, wir sind zu spät zum Grizzly-Festessen gekommen. Kleiner Dachs hat Regenbogen an meiner Stelle geholfen, und ich habe die Verabredung mit ihm vergessen ... ▶

Außerdem hat meine Mutter noch kein Wasser, und in die Prärie zu deinem Lieblingsgras kommen wir auch nicht mehr." Yakari ist so richtig zum Weinen zumute.

„Das mit dem Gras ist nicht so schlimm, Yakari. Die Prärie ist ja noch länger da", sagt Kleiner Donner mitfühlend.

„Ich bin eben unzuverlässig", seufzt der Sioux-Junge.

„Unsinn, du hast einfach ein viel zu großes Herz", widerspricht Kleiner Donner.

„Ich hab mir zu viel vorgenommen", bedauert Yakari.

„Ein Versprechen kannst du vielleicht doch noch einlösen", muntert Kleiner Donner seinen Freund auf.

„Wie denn?", zweifelt Yakari. „Ich habe alle enttäuscht."

Aber hat er nicht etwas vergessen? Kleiner Donner schnappt sich mit dem Maul einen Wasserschlauch, den jemand an die Koppel gehängt und dort vergessen hat. Er wirft ihn Yakari zu.

„Der Bach ist nicht weit weg!"

„Du hast recht", nickt Yakari. „Das kann ich auf jeden Fall noch hinbekommen." Schon nicht mehr ganz so traurig springt er auf den Rücken seines Ponys.

Als sie zurückkehren, verabschiedet sich schon die Sonne mit ihrem schönsten Orangeton vom Tag.

Yakaris Mutter freut sich über das Wasser und bedankt sich bei Yakari: „Es hat zwar ein bisschen gedauert, aber du hast dein Versprechen gehalten. Ich koche euch eine Elchfettsuppe, Kinder. Die mögt ihr doch alle so gern."

Kleiner Dachs kann's gar nicht erwarten und leckt sich schon die Lippen. Als Regenbogen, Kleiner Dachs und Yakari die vollen Suppenschüsseln in den Händen halten, merken sie erst, wie hungrig sie sind. Gierig schlürfen sie die leckere Suppe.

„Yakari", sagt Kleiner Dachs plötzlich. „Weißt du, was sich gelohnt hat? … Dieses Versprechen zu halten." Alle lachen, denn darüber sind sie sich einig.

Und im Stillen denkt Yakari: „Ab jetzt gehe ich viel, viel vorsichtiger mit meinen Versprechen um." Dann lächelt er in seine Suppenschüssel. Denn er findet, das ist ein guter Plan.

MIT YAKARI DIE NATUR ENTDECKEN

BLÄTTER ERKENNEN

Teil 1

Yakari liebt die Natur, die die Indianer als ihre Mutter ansehen. Auf seinen vielen Streifzügen durch die Prärie und den Wald hat er zum Beispiel gelernt, welche Blätter zu welchem Baum gehören. Hier auf dieser Seite zeigt er dir Blätter und Bäume, die in seiner Heimat in Nordamerika wachsen. Du kannst sie aber auch in unseren Wäldern finden.

Ahorn

Je nach Art können Ahornbäume bis zu 30 Meter hoch werden. Eine Unterart ist der Zuckerahorn. Aus seinem Saft wird der köstlich süße Ahornsirup gewonnen.

Das typische gezackte Ahornblatt ist auf der Nationalflagge Kanadas zu sehen – als Symbol für die großen Wälder dieses Landes.

Leicht zu erkennen sind auch die Ahornsamen mit ihren „Flügeln". Dank ihrer Form können sie leicht vom Wind verteilt werden.

Birke

Birken wachsen sehr schnell und können bis zu 30 Meter hoch werden.

Besonders auffällig ist ihre schwarz-weiße Rinde.

Die bis zu 10 Zentimeter langen Blätter sind an den Seiten fein gezackt, du spürst es, wenn du mit dem Finger leicht darüberfährst.

Eiche

Die mächtigen Bäume können einen Stammumfang von mehreren Metern bekommen und viele hundert Jahre alt werden.

Ihre länglichen Blätter haben große Zacken, manchmal sind die auch etwas abgerundet.

Die Früchte der Eiche nennt man Eicheln. Sie sind im Herbst und Winter ein willkommenes Futter für Wildschweine, Hirsche, Rehe und andere Waldtiere.

DAS VERLORENE VOGELNEST

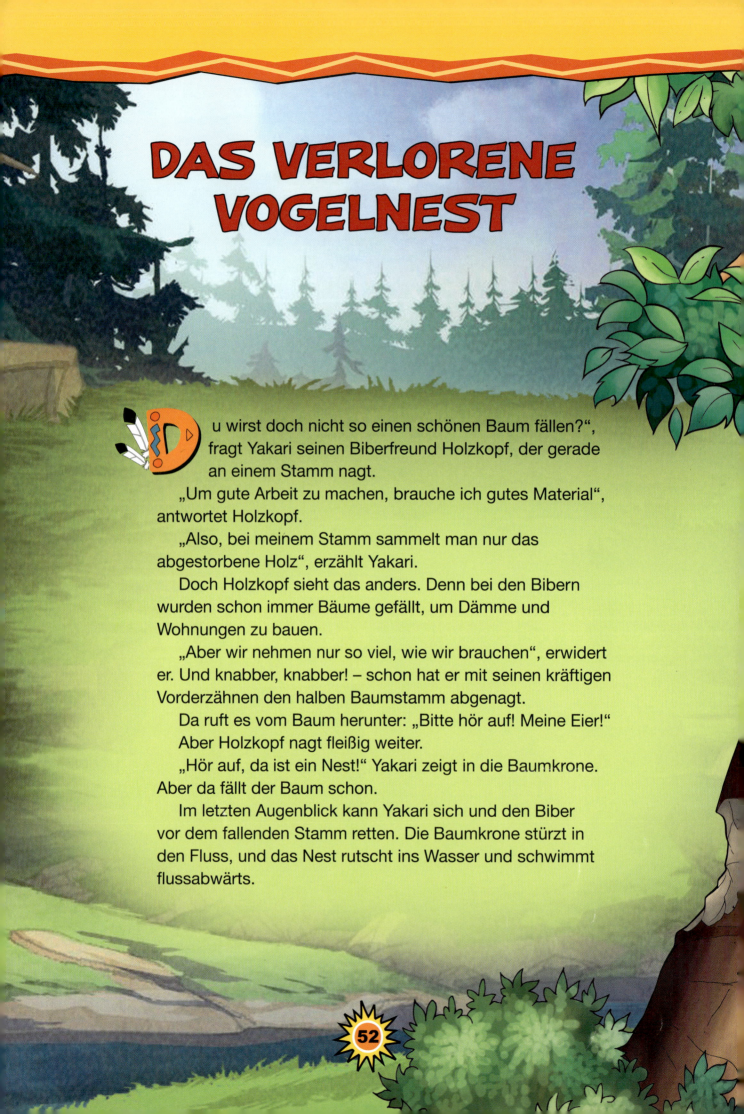

Du wirst doch nicht so einen schönen Baum fällen?", fragt Yakari seinen Biberfreund Holzkopf, der gerade an einem Stamm nagt.

„Um gute Arbeit zu machen, brauche ich gutes Material", antwortet Holzkopf.

„Also, bei meinem Stamm sammelt man nur das abgestorbene Holz", erzählt Yakari.

Doch Holzkopf sieht das anders. Denn bei den Bibern wurden schon immer Bäume gefällt, um Dämme und Wohnungen zu bauen.

„Aber wir nehmen nur so viel, wie wir brauchen", erwidert er. Und knabber, knabber! – schon hat er mit seinen kräftigen Vorderzähnen den halben Baumstamm abgenagt.

Da ruft es vom Baum herunter: „Bitte hör auf! Meine Eier!"
Aber Holzkopf nagt fleißig weiter.

„Hör auf, da ist ein Nest!" Yakari zeigt in die Baumkrone. Aber da fällt der Baum schon.

Im letzten Augenblick kann Yakari sich und den Biber vor dem fallenden Stamm retten. Die Baumkrone stürzt in den Fluss, und das Nest rutscht ins Wasser und schwimmt flussabwärts.

„Oh, oh, mein Nest! Mein Nest!
Hilfe!", jammert die Vogelmutter.
„Da war ein Nest drin!", schimpft
Yakari mit seinem Freund.
„Oje, oje! Ihr Biber denkt wohl, der
ganze Wald gehört euch!", piept die
blaugraue Zügelmeise mit dem süßen
Puschel auf dem Köpfchen. „Und jetzt
sind alle meine Eier verloren!"
„Das tut mir leid", entschuldigt sich
Holzkopf. „Normalerweise sehe ich immer
nach. Aber heute hab ich's vergessen.
Entschuldigung!"
Und damit beginnt die große
Verfolgungsjagd zu Land, zu Luft und zu Wasser.
Yakari reitet auf Kleiner Donner am Ufer entlang
dem Nest hinterher, die Meisenmama fliegt, und
Holzkopf verfolgt das Nest schwimmend.
Aber keiner von ihnen erreicht es früh
genug, und alle müssen zusehen,
wie das Nest in eine Höhle treibt,
in die der Fluss führt. Yakari
und Holzkopf schleichen sich
vorsichtig hinein. ▷

„Hast du das gehört?", fragt Yakari plötzlich.

„Nein", schüttelt Holzkopf seinen Biberkopf. „Ich höre gar nichts. Nur ein Rauschen." Doch da ist tatsächlich noch ein anderes Geräusch! Es klingt wie ein Grollen.

„Hör doch!", sagt Yakari. Der Biber hat Angst.

„Was könnte das denn sein?", möchte er wissen.

„Das werden wir schon herausfinden", verspricht Yakari. Leise schleichen sie weiter.

Kleiner Donner fragt sich schon, wo die beiden bleiben. Und da stürzen sie schon aus der Höhle.

„Los, versteckt euch!", ruft Yakari. Das Flussufer ist sofort wie leer gefegt. Und das ist gut so, denn aus der Höhle kommt der murrende und knurrende Vielfraß Carcajou. Und er hat ganz schön schlechte Laune.

„Aaargh! Wer wagt es, mich in meinem Mittagsschlaf zu stören?!" Carcajou sieht sich eine Weile um, dann verschwindet er wieder grollend in der Höhle.

„Der sah böse aus", stellt Kleiner Donner fest.

„Sehr böse", findet Holzkopf.

„Allerdings!",
ertönt eine andere
Stimme. Sie stammt
von einem schwarzen
Tier mit langen, spitzen Ohren,
das mit dem Kopf nach unten von einem Baumstamm hängt.

„Seidenohr!", erkennt Yakari seine Freundin, die
Fledermaus. „Was machst du denn hier?"

Da berichtet die Fledermaus, dass Carcajou sie aus der
Höhle gejagt hat.

„Dabei kann ich gar nicht lange im Hellen bleiben.
Fledermäuse leben doch im Dunkeln! Hilf mir bitte, Yakari!"

Der kleine Indianer verspricht, es zu versuchen.

„Aber ihr müsst mir alle dabei helfen, ja?"

Kleiner Donner, Holzkopf und Seidenohr nicken Yakari zu.

Die Meisenmama fragt von ihrem Ast aus: „Und was wird
nun aus meinen Kleinen?"

„Die finden wir schon", verspricht Seidenohr.

„Aber da drinnen ist es zu dunkel", sagt Yakari.

„Mit einer Fackel würden wir mehr sehen", schlägt
Holzkopf vor. Doch Kleiner Donner hält das für keine gute
Idee. Er fürchtet, dass Carcajou dadurch aufwachen könnte. ▷

Zum Glück hat Seidenohr die Lösung. Sie kann einfach nachsehen, denn Fledermäuse sehen ganz prima im Dunkeln. Und wie lautlos sie fliegen können!

„Aber sei trotzdem vorsichtig!", bittet Yakari.

„Keine Sorge!", flötet Seidenohr und verschwindet in der Höhle.

Schon bald ist die Fledermaus zurück, und Yakari ritzt nach ihren Angaben mit einem Stock einen Plan in den Boden, der zeigt, wie es in der Höhle aussieht. Für den Fluss ritzt er einen Strich. Der Ort, an dem Carcajou schläft, bekommt ein Kreuz und der Platz, an dem das Vogelnest liegt, einen Kreis.

„Carcajou ist genau in der Mitte", stellt Yakari fest.

„Wir müssen also an dem hässlichen Kerl vorbei", bemerkt Kleiner Donner. Holzkopf fürchtet, dass Carcajou die Eier fressen wird, wenn er sie entdeckt. Da weint die Vogelmama vor Angst um ihre Eier. Yakari wirft seinem Freund Holzkopf einen bösen Blick zu.

„Es gibt noch einen zweiten Eingang durch einen Felsspalt", meldet Seidenohr. „Mitten in der Höhle. Er ist ganz in der Nähe des Nests und führt direkt ins Freie."

Und genau den benutzt Yakari, um sich an einem Seil in die Höhle abzuseilen. Seidenohr fliegt voraus.

„Halt!", ruft die Fledermaus. „Du bist jetzt direkt über Carcajou. Komm hierher!" Yakari nickt und versucht, mit dem Seil weiter nach rechts zu schwingen. Dorthin, wo Seidenohrs Ruf herkommt. Nun schwebt er zwar fast über dem Nest, aber er kommt trotzdem nicht ran. Das Seil ist zu kurz. Er schwingt noch einmal und noch einmal und dann?

Oh Schreck! Das Seil reißt, und Yakari plumpst auf den Höhlenboden. Er erstarrt und bleibt ganz still. Carcajou schläft zum Glück weiter. ▷

Leise kriecht der kleine Indianer zum Vogelnest und hebt es aus dem Fluss. Alle Eier sind heil.

Aber in diesem Moment wacht Carcajou knurrend wieder auf. Während er sich noch verschlafen die Augen reibt, verkriecht sich Yakari rasch mit dem Vogelnest hinter eine Felswand. Allerdings entdeckt Carcajou sofort das gerissene Seil, schnuppert daran und fragt mit seiner tiefen, grollenden Stimme: „Hey, wer ist da? Wer hat mich schon wieder aufgeweckt?"

Yakari bibbert und beißt vor Angst die Zähne zusammen, damit der Vielfraß sie nicht klappern hört. Carcajou ist schon ganz nah!

„Hallo!", ertönt plötzlich eine bekannte Stimme aus der anderen Richtung. „Hey, Carcajou, komm, lass uns spielen!" Es ist Holzkopf, der Carcajou weglocken will. Mit großen Sprüngen jagt der Vielfraß wütend hinter dem Biber her. „Na los, du Nachtschattenmonster!", beleidigt Holzkopf Carcajou. „Fang mich, wenn du kannst!"

Carcajou rennt blind vor Zorn dem Biber hinterher. Das verschafft Yakari Zeit, mit dem Vogelnest die Höhle zu verlassen. Das Nest ist in Sicherheit. Überglücklich kommt gleich die Meisenmama angeflogen und setzt sich auf ihr Nest. „Meine Kleinen!", seufzt sie freudig.

Holzkopf hat den Vielfraß schon weit von der Höhle weggeführt. Aber nun verlässt ihn die Kraft. Als er bemerkt, dass Carcajou ihn fast eingeholt hat, sagt er: „Ich hab keine Lust mehr." Und hoppla! – schon springt er in den Fluss. Welch ein Glück für ihn, dass Vielfraße Wasser hassen!

„Na gut. Ich werde mir ein anderes Plätzchen für meinen Mittagsschlaf suchen. Bei dem Krach wird man ja noch ganz verrückt!" Und damit setzt sich Carcajou in Bewegung. „Biber, Biber, immer diese Biber!", knurrt er noch, während er davontrottet.

Endlich kann Yakari
das Vogelnest wieder in eine
Baumkrone legen. Die Zügelmeise
setzt sich froh hinein und zwitschert: „Ahhh!
Ich danke euch! Und auch dir, Holzkopf. Ihr habt
meine Kleinen gerettet!"

„Schon gut", antwortet Holzkopf verlegen. „War
doch halb so wild." Aber in Wirklichkeit fällt ihm
ein Stein vom Herzen, dass alle Eier im Nest noch
heil sind und die Vogelmama nicht mehr weint.
„Und ich verspreche dir, nie mehr einen Baum
zu fällen, ohne nachzusehen, ob darin
jemand wohnt."

Bald nachdem sich Yakari, Kleiner
Donner, Seidenohr und Holzkopf
von der Zügelmeise verabschiedet
haben, schlüpfen ihre Jungen. Es
sind vier süße, winzige Piepmätze.
Und Holzkopf hat sich an sein
Versprechen gehalten – sein ganzes
Biberleben lang.

SCHALE AUS SALZTEIG

Das brauchst du

Für den Teig:
- ▷ 2 Tassen Mehl
- ▷ 1 Tasse Salz
- ▷ Wasser

Außerdem:
- ▷ feuerfeste kleine Schüssel
- ▷ Acrylfarben oder Wasserfarben

So wird's gemacht

1. Mische Mehl und Salz in einer Schüssel und rühre langsam so viel Wasser unter, bis ein formbarer Teig entsteht, der nicht krümelt.

2. Schale 1: Du kannst aus einem Stück Teig frei eine Schale mit flachem Rand formen. Achte darauf, dass der Rand nicht zu hoch wird, sonst fällt er beim Backen ein.

3. Schale 2: Für eine größere Schale nimmst du eine feuerfeste Schüssel, bestäubst sie gut von außen mit Mehl und formst den Salzteig über der umgedrehten Schüssel.

4. Deine Werke kommen dann auf einem mit Backpapier belegten Backblech in den auf 150 °C vorgeheizten Backofen (keine Umluft!). Lass dir dabei von einem Erwachsenen helfen, genauso beim Herausnehmen. Nach etwa 30—40 Minuten kannst du den Ofen ausschalten und die Schalen in der Resthitze weiter trocknen lassen.

5. Nach dem Abkühlen werden die fertigen Schalen mit Acryl- oder Wasserfarben in bunten Mustern bemalt.

KLEINER DACHS LÄUFT DAVON

Kleiner Dachs kann es kaum erwarten, mit den Jägern des Stammes auf Bisonjagd zu reiten. Aber er darf noch nicht. Kleiner Dachs versteht die Erwachsenen nicht! Er empfindet sich längst als alt genug, um ein großer Jäger zu sein.

„Die meisten sind nicht einmal halb so gut wie ich mit Pfeil und Bogen", beschwert er sich bei Yakari.

Der überredet Kleiner Dachs, von einer Klippe aus den Jägern zuzusehen, um die Kunst der Jagd heimlich zu studieren.

Zwei Jäger haben einen Bison von der Herde getrennt und genau unter die Klippe getrieben, auf der Yakari und Kleiner Dachs kauern. Die beiden Männer spannen ihre Bögen. Der Bison schnaubt und scharrt mit dem Vorderlauf. Nichts geschieht! Der Bison sieht die Jäger an. Die Jäger sehen den Bison an.

„Worauf warten die denn noch?", regt Kleiner Dachs sich auf, zieht einen Pfeil aus dem Köcher, spannt seinen Bogen und …

„Nicht!", ruft Yakari noch. Aber zu spät! Der Pfeil landet zehn Mokassinlängen vor dem Bison im Boden. Daraufhin greift der Bison die Jäger an. Die beiden Männer können sich kaum auf ihren scheuenden Pferden halten.

„Du hast ihn wütend gemacht!", schreit Yakari. Dann stürzt der Jäger Spitzer Pfeil vom Pferd. „Hast du gesehen, was du gemacht hast?", brüllt Yakari Kleiner Dachs an. „Und du hältst dich für einen großen Jäger!"

Damit lässt er seinen zerknirschten Freund stehen und eilt zu dem gestürzten Jäger. Spitzer Pfeil ist nichts passiert, und Yakari denkt: „Ich war vielleicht ein bisschen grob zu Kleiner Dachs." ▷

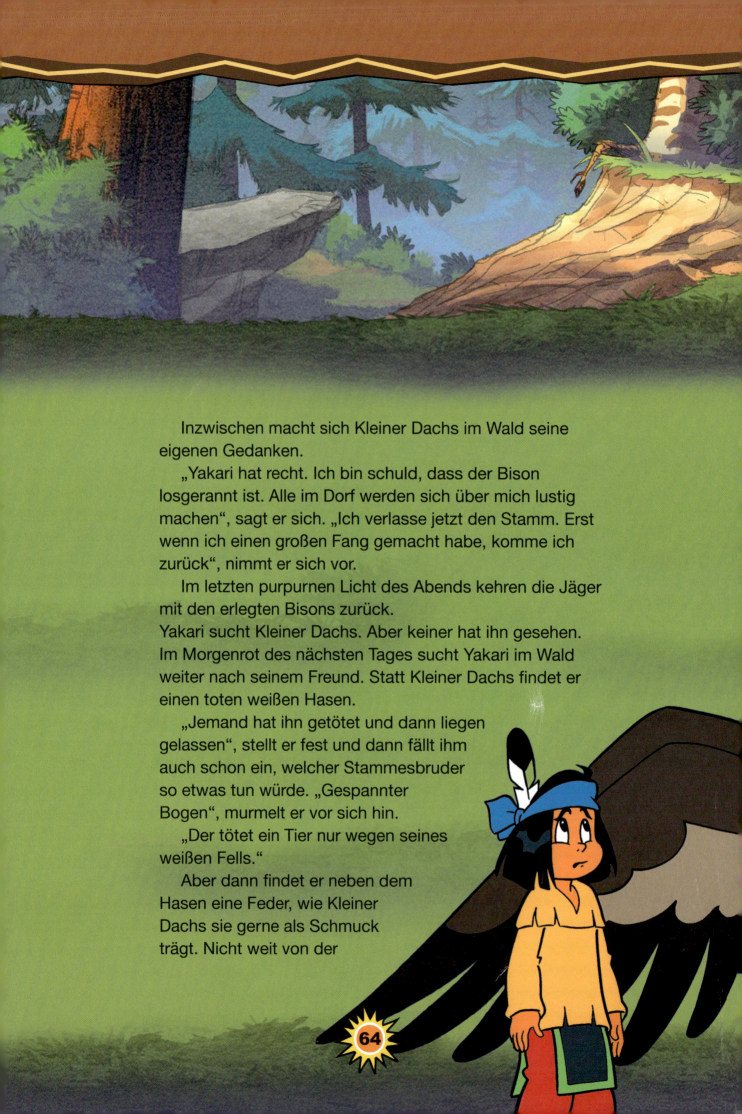

Inzwischen macht sich Kleiner Dachs im Wald seine eigenen Gedanken.

„Yakari hat recht. Ich bin schuld, dass der Bison losgerannt ist. Alle im Dorf werden sich über mich lustig machen", sagt er sich. „Ich verlasse jetzt den Stamm. Erst wenn ich einen großen Fang gemacht habe, komme ich zurück", nimmt er sich vor.

Im letzten purpurnen Licht des Abends kehren die Jäger mit den erlegten Bisons zurück.
Yakari sucht Kleiner Dachs. Aber keiner hat ihn gesehen. Im Morgenrot des nächsten Tages sucht Yakari im Wald weiter nach seinem Freund. Statt Kleiner Dachs findet er einen toten weißen Hasen.

„Jemand hat ihn getötet und dann liegen gelassen", stellt er fest und dann fällt ihm auch schon ein, welcher Stammesbruder so etwas tun würde. „Gespannter Bogen", murmelt er vor sich hin.

„Der tötet ein Tier nur wegen seines weißen Fells."

Aber dann findet er neben dem Hasen eine Feder, wie Kleiner Dachs sie gerne als Schmuck trägt. Nicht weit von der

Stelle stöbert Yakari schließlich Kleiner Dachs auf und entschuldigt sich bei seinem Freund, dass er ihn so ausgeschimpft hat.

„Hau ab", giftet Kleiner Dachs ihn an, „du störst mich bei der Jagd!" Schon ist er im Dickicht verschwunden. Yakari folgt ihm und entdeckt, dass Kleiner Dachs sich mit Gespannter Bogen zusammengetan hat. Das macht ihn sehr traurig.

Wie immer in schwierigen Situationen erscheint Großer Adler vor Yakari und rüttelt ihn auf: „Gibst du so schnell auf, Yakari? Deinen besten Freund überlässt du nun Gespannter Bogen?" ▷

„Wenn er unbedingt will! Ich kann ihn zu nichts zwingen", seufzt der Sioux-Junge.

„Das sollst du nicht. Aber du musst wissen, dass dein Freund in großer Gefahr ist", warnt ihn Großer Adler.

Gespannter Bogen hat inzwischen die Fährte eines weißen Wolfs entdeckt, den er unbedingt wegen des wertvollen Felles haben möchte.

Kleiner Dachs stellt sich gegen ihn: „Aber das ist doch ein ganz seltenes Tier. Das darf man nicht töten!"

„Ach ja! Und wieso nicht?", fragt Gespannter Bogen.

„Unser Häuptling Stiller Fels sagt: ‚Wir Menschen dürfen von der Natur nur das nehmen, was wir zum Leben unbedingt brauchen'", mahnt Kleiner Dachs den erwachsenen Krieger.

„Stiller Fels ist nur ein alter Schwätzer", sagt Gespannter Bogen und schubst Kleiner Dachs einfach grob zur Seite.

Yakari verfolgt die beiden heimlich. Er möchte lieber in der Nähe sein, falls Kleiner Dachs Hilfe braucht.

Da hört er den Freund sagen: „Gespannter Bogen, ich kehre um ins Dorf. Ich möchte den weißen Wolf nicht jagen. Du hättest schon das weiße Kaninchen nicht töten dürfen."

„Was?", schreit Gespannter Bogen wütend. „Du kommst jetzt sofort mit, sonst kannst du was erleben." Dann zerrt er Kleiner Dachs mit sich.

Plötzlich erscheint der weiße Wolf. Da wirft sich Kleiner Dachs auf Gespannter Bogen, als der einen Pfeil auf das Tier schießen will. Der Wolf springt Gespannter Bogen an. Der Sioux ringt mit dem Wolf und schafft es, davonzulaufen. Nun ist Kleiner Dachs dem Angriff des wilden Tieres schutzlos ausgeliefert. ▷

67

Schnell springt Yakari dazwischen. „Nein, weißer Wolf",
sagt er. „Lass meinen Freund in Ruhe! Er wollte dir nichts
tun. Er ist ja kein Jäger."

„Was?", bellt der weiße Wolf. „Der Jäger hat mich mit
seinem Pfeil beinahe getroffen."

„Der große Jäger", erinnert ihn Yakari. „Aber Kleiner
Dachs hast du es zu verdanken, dass du noch lebst."

„Sein Leben für mein Leben", knurrt der Wolf. „Der große
Jäger wird es mir büßen." Dann schlendert er davon.

Zurück im Dorf stellt sich Kleiner Dachs dem Rat.

„Ich möchte mich bei dem Stamm entschuldigen. Ich hätte niemals auf den Bison schießen dürfen."

„Ein guter Jäger zeichnet sich nicht nur durch Treffsicherheit, sondern auch durch seinen Respekt vor allen Tieren aus", sagt Der-der-alles-weiß. „Du hast Gespannter Bogen an einer sehr grausamen Tat gehindert. So, wie es ein guter Jäger tun sollte."

„Deshalb möchte ich", fügt Spitzer Pfeil hinzu, „dass du mich morgen auf die Jagd begleitest."

„Jippijeh!", jubelt Kleiner Dachs. Nun geht sein sehnlichster Wunsch doch noch in Erfüllung!

BLÄTTER ERKENNEN

Teil 2

Hier zeigt dir Yakari noch mehr Bäume und Blätter, die sowohl in seiner Heimat Nordamerika als auch bei uns in Nordeuropa wachsen. Vielleicht siehst du einen davon beim nächsten Spaziergang im Wald oder Park. Du kannst besonders schöne Blätter auch sammeln, trocknen, pressen und in ein Heft kleben – dann hast du dein eigenes Baumerkennungsbuch.

Buche

Buchen können bis zu 40 Meter hoch werden.

Man erkennt sie gut an ihrer glatten Rinde.

Buchenblätter sind nicht länglich, sondern an den Seiten etwas ausgebuchtet und haben an den Blatträndern feine Zähnchen.

Die Früchte der Buche nennt man Bucheckern. Sie fallen im Herbst vom Baum, und du kannst sie sogar probieren – sie schmecken leicht nussig. Deshalb mögen auch Eichhörnchen sie gern für ihren Wintervorrat.

Kastanie

Rosskastanien sind mächtige Bäume, die bis zu 25 Meter hoch und sehr alt werden können.

An einem Blattstiel verteilen sich fünf bis sieben Blättchen wie ein Fächer.

Im Frühjahr stehen die prächtigen Blüten wie Kerzen am Baum.

Im Herbst fallen die dunkelbraunen Kastanien in stacheligen Hüllen vom Baum. Sie sind als Futter beliebt bei Wildtieren.

Eine weitere Kastanienart ist die Esskastanie. Ihre Früchte, die Maronen, schmecken ähnlich wie Nüsse.

Pappel

Die 30—45 Meter hohen, schlanken Pappeln wachsen an Flussufern und in Wäldern.

Die Blätter sehen je nach Art dreieckig, herz- oder eiförmig aus. Am Rand sind sie leicht gezackt.

Im Frühjahr verteilt der Baum seine Samen, die von dichten, flauschigen Haaren umhüllt sind. Wenn viele Samen vom Wind durch die Gegend gepustet werden, kann das aussehen wie Schneefall im Frühling.

DIE HERRSCHER DER PRÄRIE

Eines Tages lässt sich eine Bisonherde in der Nähe von Yakaris Dorf nieder. Diese Gelegenheit nutzen die Jäger, um Nahrung für den Stamm zu jagen. Am Abend feiert das Volk der Sioux die erfolgreiche Jagd am Lagerfeuer. Gemeinsam bedanken sich alle bei den Bisons für das Fleisch, das dem Stamm das Überleben sichert.

„Ohne die Bisons gäbe es keine Sioux! Darum sind sie die eigentlichen Herrscher der Prärie", sagt Stiller Fels.

Yakari möchte die Tiere unbedingt sehen. Zusammen mit Kleiner Donner, Kleiner Dachs und dessen Pferd Schneller Blitz zieht er am nächsten Morgen los. Zuerst finden sie in der Prärie das Skelett eines Bisons. Dann folgen sie der frischen Fährte der mächtigen Tiere.

Als Yakari alleine auf einen Felsen steigt, um von dort aus nach der Herde Ausschau zu halten, stürzt er in eine Mulde voller Schlamm. ▷

Er springt auf und schüttelt sich, als jemand sagt: „Sieh an, ein schmutziger, kleiner Mensch!"

„Was bist du denn für ein komisches Tier?", fragt Yakari den braunen Berg mit den kleinen Augen vor sich erschrocken. Dieser schüttelt sich den getrockneten Schlamm vom Körper.

„So schützen wir Bisons uns vor den Mücken, die uns ständig stechen wollen."

„Aah!", macht Yakari.

Der Bison ist ein Späher. Er warnt die Herde, falls sich Feinde in der Nähe befinden.
Aber er vertraut dem kleinen Sioux-Jungen und zeigt ihm wenig später seine Herde.

„Wow", staunt Yakari, „die ist ja riesig! Meinst du, ich kann sie mir mal von Nahem ansehen?"

„Wenn wir die Sioux nicht mehr fürchten müssen, musst du auch die Bisons nicht mehr fürchten", erklärt ihm der Bison.

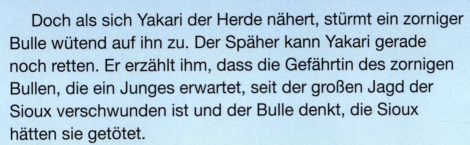

Doch als sich Yakari der Herde nähert, stürmt ein zorniger Bulle wütend auf ihn zu. Der Späher kann Yakari gerade noch retten. Er erzählt ihm, dass die Gefährtin des zornigen Bullen, die ein Junges erwartet, seit der großen Jagd der Sioux verschwunden ist und der Bulle denkt, die Sioux hätten sie getötet.

„Unmöglich!", sagt Yakari. „Das kann nicht sein. Meine Brüder würden niemals ein trächtiges Weibchen erlegen."

„Dann hat sie sich womöglich von der Herde zurückgezogen", vermutet der Späher.

„Und sich dabei vielleicht verlaufen", überlegt Yakari.

„Nicht auszudenken", sorgt sich der Späher. „Denn das würde sie zu einer leichten Beute für die Wölfe machen." Der Späher macht sich mit Yakari auf dem Rücken auf die Suche nach dem vermissten Weibchen. ▶

Auch Kleiner Dachs und die Pferde Schneller Blitz und Kleiner Donner machen sich auf die Suche, und zwar nach Yakari. Doch plötzlich endet dessen Spur. Was nun?

Indessen kommen der Späher und Yakari im letzten Augenblick zu der jungen Bisonmutter. Sie versucht verzweifelt, ihr Junges vor einem Wolf zu beschützen, der es fressen möchte.

Der Späher und Yakari verjagen mutig den hungrigen Angreifer. Yakari rutscht vom Rücken des Bisons und streichelt das Junge, das nun in Ruhe Milch bei seiner Mutter trinkt.

Nach dieser Stärkung macht sich die kleine Gruppe auf den Rückweg zur Bisonherde. Bald bemerken sie ein heulendes Wolfsrudel.

„Die Wölfe. Der Angreifer hat sich schon Verstärkung geholt", stellt Yakari ängstlich fest. „Diesmal werden sie bestimmt zuschlagen."

„Wenn sie kommen", droht der Späher, „werden sie Bekanntschaft mit meinen Hörnern machen!" Mal davon abgesehen, dass der Späher nur noch ein Horn besitzt, glaubt Yakari, dass nur ein guter Plan sie vor den Wölfen retten kann.

In diesem Moment großer Not kommt ihnen Großer Adler entgegen und raunt dem Jungen zu: „Vergiss nicht, Yakari, nur die Menschen besitzen das Licht, das die Wölfe verjagen kann."

Und schon ist er wieder verschwunden. Yakari denkt kurz nach.

„Er meint Feuer. Danke, Großer Adler!"

Bald greifen die Wölfe von allen Seiten an. Aber Yakari hat die Zeit genutzt und viele Feuerstellen rund um die Bisons und sich selbst entfacht. Hungrig ziehen die Wölfe ihre Kreise. Yakari versucht, sie zu verscheuchen.

Leider geht ihm das Holz bald aus, und er erkennt: „Wenn das Feuer ausgeht, werden sich die Wölfe auf uns stürzen." Aber wie kommen sie an Holz heran? Sobald sie den Feuerkreis verlassen, sind sie leichte Beute! ▷

Zum Glück fällt Yakari etwas anderes ein, das sie vielleicht retten kann: Rauchzeichen. Er zieht sein Hemd aus und wedelt über einer Feuerstelle gleichmäßig hin und her. Viele kleine Wölkchen steigen auf. Nun können sie nur noch hoffen.

Aber als das letzte Feuer erlischt, ist immer noch keine Rettung da. Drohend kommen die Wölfe näher und näher. Doch in dem Moment, als Yakari nicht mehr weiterweiß, preschen Kleiner Dachs auf Schneller Blitz und Kleiner Donner auf sie zu.

Kleiner Donner überwindet seine Angst und tritt mit voller Kraft nach den Wölfen. Schneller Blitz macht es ihm nach, und bald sind die Wölfe geschlagen und geben endlich auf.

„Das war richtig knapp!", sagt Yakari erleichtert und streichelt sein Pony.

„Ich habe deine Rauchzeichen gesehen", grinst Kleiner Dachs. „Als Späher bist du eine Niete, aber deine Rauchzeichen sind wirklich gut."

Als sie endlich bei der Bisonherde ankommen, heißt es, Abschied zu nehmen.

„Du hast uns alle gerettet, Yakari. Dein Name wird für immer in unseren Herzen bleiben", bedankt sich Mutter Bison.

„Ja", fügt der Bulle hinzu. „Und wegen vorhin, entschuldige, dass ich dich angegriffen habe."

„Ich verstehe das", sagt Yakari. „Ihr habt auch schon viel für uns getan. Ohne euch könnte mein Volk nicht überleben. Ihr seid die wahren Herrscher der Prärie."

WANDBILD ODER WANDTEPPICH

Das brauchst du

- ▷ 4 dickere Äste (25–30 cm lang)
- ▷ naturfarbene Kordel, z. B. Paketschnur
- ▷ Wollreste
- ▷ Stoffreste
- ▷ Naturmaterial, z. B. lange Gräser, Blätter, biegsame Zweige

So wird's gemacht

1. Lege die Äste zu einem Viereck aus und binde sie an den Ecken mit der Kordel zusammen, sodass ein stabiler Rahmen entsteht.

2. Jetzt knotest du die Kordel am unteren Rahmen fest und spannst sie zum oberen Rahmen.

3. Den oberen Ast einmal mit der Kordel umschlingen, einen einfachen Knoten machen, die Kordel circa 1–2 cm parallel am Ast entlang weiterleiten, noch mal um den Ast schlingen, noch mal einen einfachen Knoten machen und die Kordel wieder nach unten spannen.

4. Nun wiederholst du diesen Arbeitsschritt, bis der Holzrahmen voller Schnüre gespannt ist. Jetzt ist ein indianerstarker Webrahmen fertig.

5. Den Rahmen kannst du dann nach Lust und Laune füllen, z. B., indem du mit einer dicken Nadel Wollfäden einwebst. Toll sehen auch getrocknete Gräser oder lange Blätter, z. B. von Schilf, aus. Oder probiere es mit Streifen von Stoffresten. Wichtig ist nur, dass du alle Materialien immer abwechselnd von oben und unten zwischen den Fäden hindurchführst. So entsteht Reihe für Reihe dein ganz persönlicher Lieblingswandschmuck.

Eines Tages rennt Müder Krieger ins Dorf. Keiner kann glauben, dass Müder Krieger schneller geht als eine Schildkröte. Da muss etwas Schreckliches passiert sein.

Müder Krieger erzählt, dass ihn ein Bär angreifen wollte. Aber Bären greifen Menschen nur an, wenn sie bedroht werden oder wenn sie Junge haben. Wie dem auch sei – die Männer im Dorf empfinden den Bären als Bedrohung und möchten ihn verjagen.

„Nimm zwei Männer mit und tu alles, um unser Dorf zu schützen, Kühner Rabe!", sagt Kühner Blick.

„Nein", widerspricht Yakari. „Wir wissen doch gar nicht, was passiert ist."

Aber keiner beachtet ihn. Yakari möchte nachsehen, was los ist, und reitet auf seinem Pony Kleiner Donner in den Wald. Bald finden sie Bärenspuren. ▷

Kleiner Donner mahnt zur Vorsicht, aber Yakari sagt: „Ich kenne alle Bären, die hier wohnen."

Plötzlich kommt das Bärenjunge Honigtau aus dem Gebüsch. „Yakari", jammert er. „Mama ist verrückt geworden."

„Aha, sie war der Bär, der Müder Krieger bedroht hat. Was ist denn passiert?", fragt sich Yakari. Doch zuerst muss er die Jäger zurückhalten, bevor er sich um Mutter Bär kümmern kann.

Als er die Jäger erreicht, stürzt die Bärin plötzlich laut brüllend aus dem Unterholz. Die Jäger fliehen. Yakari möchte mit ihr reden, merkt aber schnell, dass ihr nicht nach Reden zumute ist.

Sie reiten zurück zu Honigtau. Das Bärenjunge berichtet: „Wir nahmen Honig von dem Bienenstock, und dann wurde Mama auf einmal ganz böse."

„Wo ist dieser Bienenstock?", will Yakari direkt wissen.

Honigtau beschreibt dem kleinen Sioux-Jungen den Weg. Da hören sie schon wieder das wütende Brüllen von Mutter Bär. Das Bärenkind sieht Yakari ängstlich an.

„Keine Angst", tröstet Yakari es. „Ich mache deine Mama wieder gesund."

Nach einer Weile herumreiten im Wald finden Kleiner Donner und Yakari den Bienenstock.

„Ah!", macht Kleiner Donner plötzlich. „Mich hat was gestochen."

„Eine Biene?", fragt Yakari.

„Nein, der Busch hier, er ist voller Dornen."

Yakari sieht sich den Strauch genau an. Dann fällt sein Blick auf den Boden, und er entdeckt die Tatzenspuren der Bärin, die nahe an dem Busch vorbeigegangen sein muss. Da hat der kleine Indianer eine Idee.

„Bestimmt ist Mutter Bär in einen Dorn getreten. Der sitzt jetzt in ihrer Tatze und wandert immer tiefer unter die Haut. Der Schmerz macht sie ganz verrückt", vermutet Yakari. „Wir müssen ihr nur den Dorn rausziehen, und alles wird wieder gut." ▷

„Das ist alles?", fragt Kleiner Donner. „Und wie möchtest du das anstellen? Möchtest du sie etwa bitten, sich ruhig hinzulegen und dir die Tatze hinzuhalten?"

„Warum nicht?", lächelt Yakari und hat auch schon einen Plan.

Zurück im Lager bittet der Sioux-Junge seine Freundin Regenbogen um Hilfe. Sie ist gleich bei der Sache.

„Hier ist ein Rezept für einen Schlaftrunk", sagt sie. „Aber damit die Bärin den trinkt, musst du sie durstig machen, am besten mit einem großen Fisch."

„Danke, Regenbogen", sagt Yakari. „Ich wusste, dass du mir helfen kannst."

Im Vorbeigehen hört Yakari, dass Kühner Rabe mit seinen Kriegern im Morgengrauen losziehen möchte.

„Da bleibt uns noch genügend Zeit für die Vorbereitungen", meint er zu Kleiner Donner.

Regenbogen hatte ihn angewiesen: „Am Waldrand findest du Kräuter und Beeren genug für ein Schlafmittel. Und Pflanzen, die durstig machen.

Damit präparierst du einen Fisch und legst ihn
neben den Schlaftrunk."

Und so macht es Yakari dann auch. Solange der
Schlaftrunk köchelt, schnitzt Yakari Tatzenabdrücke in
Holzstücke.

„Um die Jäger in die Irre zu führen", erklärt er seinem
Pony. „Sie dürfen auf keinen Fall Verdacht schöpfen, und
dafür brauchen wir täuschend echte Tatzen!" Dann machen
sich Kleiner Donner und Yakari auf den Weg, um für die
Jäger eine falsche Spur zu legen. ▷

„Wenn ich Kühner Rabe wäre, würde ich dorthin gehen, wo ich den Bären zuletzt gesehen habe", denkt Yakari laut nach.

„Gut. Und dann?", fragt Kleiner Donner.

„Und dann kommst du", sagt Yakari und wirft ihm seine vier geschnitzten Tatzensohlen, die wie Socken einen Schaft zum Überziehen besitzen, vor die Hufe.

Tatsächlich fällt Kühner Rabe mit seinen Jägern auf die falsche Fährte herein.

„Da", stellt Kühner Rabe fest. „Wie ich es gesagt habe." Dann folgt er mit seinen Männern der falschen Spur.

„Die Jäger sind wir los", freut sich Yakari. „Und wenn Honigtau recht behält, müsste seine Mutter bald hier vorbeikommen."

Während Yakari den präparierten Fisch auslegt und den Schlaftrunk in eine Mulde daneben gießt, denkt er: „Hoffentlich klappt der zweite Teil meines Plans genauso gut!"

Kleiner Donner legt mit seinen Tatzenmokassins immer noch eine falsche Fährte. Er lockt die Jäger weit aus dem Wald, in die Berge und mault: „Das nächste Mal kann er diese Mokassins selbst tragen." Dann geht er zurück zu Yakari.

„Wo sind die Jäger?", flüstert Yakari.

„Die reiten im Kreis um die Schlucht", berichtet Kleiner Donner mit einem Kichern.

Inzwischen hat die Bärin den Fisch entdeckt und ihn mit einem Happs verschlungen. Danach stürzt sie sich durstig über die Mulde und trinkt den Schlaftrunk restlos aus.

Aber dann sieht sie die beiden Freunde und rast auf sie los. Doch urplötzlich bricht sie zusammen und fällt in tiefen Schlaf. Hurtig zieht Yakari den Dorn aus ihrer rechten Vordertatze. Es war tatsächlich so, wie er vermutet hatte.

Im Indianerdorf verkündet Kühner Rabe, sie hätten den Bären in die Flucht geschlagen. Aber Yakari und Kleiner Donner wissen es besser.

Yakari leckt sich jetzt noch die süßen Honiglippen von der Honigwabe, die ihm die Bärenmutter als Dank für ihre Heilung zugesteckt hat.

BRAUNBÄR

Wie mit allen Tieren ist Yakari auch mit den Bären gut Freund. Besonders gerne spielt er mit den Bärenkindern und tollt mit ihnen herum. Bestimmt hast du auch schon mal einen Bären im Zoo oder Wildpark gesehen. Die mächtigen Tiere sehen behäbig aus, können aber, wenn sie sich angegriffen fühlen, sehr schnell reagieren. Ein Hieb mit einer Bärenpranke kann sehr gefährlich werden.

Braunbär Fakten

Körperlänge von Kopf bis Rumpf
100–280 Zentimeter

Schulterhöhe (Höhe vom Boden bis zur Schulter, wenn der Bär auf allen vieren steht) 90–150 Zentimeter

Gewicht im Durchschnitt
243 Kilogramm (Männchen),
117 Kilogramm (Weibchen)

Wegen ihres großen Mutes und ihrer Stärke waren Bären bei den Indianern als Totemtier beliebt, und viele Indianernamen haben auch das Wort „Bär" in sich, wie bei Yakaris Stammesbruder „Tanzender Bär".
Wer einen Bären erlegt hatte, durfte dessen Krallen oder Zähne an einem Halsband tragen und galt als hervorragender Jäger.

Gut zu wissen

▶ Bären leben bei uns kaum noch in freier Natur. Anders ist das in Yakaris Lebensraum in Nordamerika: In Alaska und Kanada kann man beispielsweise noch Grizzlybären, Kodiakbären oder Schwarzbären in der Wildnis beobachten.

▶ Normalerweise streifen Bären eher langsam durch ihr Revier. Wenn es sein muss, z. B. bei einem Angriff oder der Jagd, können sie aber auch bis zu 50 Stundenkilometer schnell rennen.

▶ Im Bärenbau, den sie entweder selbst graben, oder sich eine Höhle mit Pflanzen auspolstern, verbringen Bären ihre Winterruhe. Diese dauert etwa vom Spätherbst bis zum Ende des Winters.

▶ Bären sind Allesfresser. Hauptsächlich ernähren sie sich von Pflanzen wie Gräsern, Kräutern, Wurzeln, Pilzen und Beeren. Aber auch Insekten, Vögel und kleine Säugetiere stehen auf ihrem Speiseplan. Besonders geschickt sind Bären auch beim Fischfang.

DER TRAUMFÄNGER

Zitternd sieht Yakaris Mutter Schimmernde Zöpfe in die gelb leuchtenden Augen des Vielfraßes. Das wütende Raubtier hat sich auf den Hinterbeinen aufgerichtet und faucht gefährlich. Die Mutter steht starr vor Schreck, als der Vielfraß seine scharfen Krallen ausfährt. Sprungbereit fletscht er seine spitzen Zähne. Gleich hat die Bestie Yakaris Mutter ...

„Nein!", schreit Yakari.

„Schon gut!", weckt ihn Schimmernde Zöpfe. „Du hast nur schlecht geträumt", tröstet sie ihren Sohn.

Da seufzt Yakari erleichtert. Er ist froh, dass seine Mutter gesund und lächelnd vor ihm sitzt. Trotzdem muss er ihr von dem schaurigen Traum erzählen: „Ein Vielfraß hat dich angegriffen!"

Schimmernde Zöpfe beruhigt ihn: „Du hast zu oft so schlechte Träume. Weißt du, was ich für dich mache? Einen Traumfänger!" Von so einem seltsamen Ding hat Yakari noch nie gehört. Also erklärt ihm seine Mutter: „Das ist ein Zaubernetz, das wir hier in deinem Tipi aufhängen, um böse Träume zu fangen. Nur die schönen Träume schlüpfen durch das Netz. Morgen zeige ich dir, was ich meine", verspricht sie. Doch jetzt soll der kleine Indianer weiterschlafen, denn es ist noch mitten in der Nacht.

Da erschrickt Yakari: „Oh nein! Kommt dann nicht der Vielfraß wieder zurück?"

Doch die Mutter erinnert ihren Sohn noch einmal: „Es war nur ein Traum. Schlaf jetzt! Dir kann nichts geschehen." Doch bei sich denkt sie: „So kann das nicht weitergehen. Mein Sohn braucht schleunigst einen Traumfänger."

Zum Glück lernen alle Indianerinnen von ihren Müttern, wie man einen Traumfänger bastelt. Den äußeren Kreis des

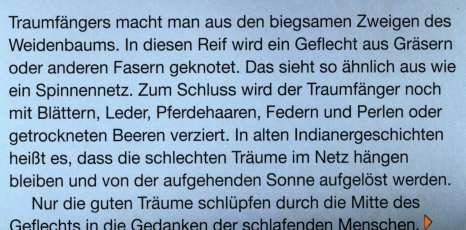

Traumfängers macht man aus den biegsamen Zweigen des
Weidenbaums. In diesen Reif wird ein Geflecht aus Gräsern
oder anderen Fasern geknotet. Das sieht so ähnlich aus wie
ein Spinnennetz. Zum Schluss wird der Traumfänger noch
mit Blättern, Leder, Pferdehaaren, Federn und Perlen oder
getrockneten Beeren verziert. In alten Indianergeschichten
heißt es, dass die schlechten Träume im Netz hängen
bleiben und von der aufgehenden Sonne aufgelöst werden.
   Nur die guten Träume schlüpfen durch die Mitte des
Geflechts in die Gedanken der schlafenden Menschen. ▷

Bevor das Zaubernetz jedoch auf diese Art wirken kann, hat Schimmernde Zöpfe noch viel vor sich. Vor allem muss sie alle Dinge dafür sammeln. Kaum erwacht der neue Tag, hängt Schimmernde Zöpfe sich ihre Ledertasche um. Tief atmet sie den frischen Duft des jungen Morgens ein und macht sich auf den Weg.

Doch in der Mitte des Indianerdorfes bellt ihr der Dorfhund freudig zu. Sein Name ist Knickohr, weil sein rechtes Ohr nicht nach oben stehen möchte. Dieser kleine Hund springt Schimmernde Zöpfe fröhlich bis vor das Sioux-Dorf hinterher. Dort schläft ein dicker Indianer unter einem großen Baum. Es ist Fettauge. Er bewegt sich normalerweise so wenig wie die Fettaugen in einer Suppe: nämlich gar nicht. Am liebsten verschläft er den Tag und die Nacht noch dazu.

Deshalb wundert sich Schimmernde Zöpfe, dass er sich im Schlaf so hin und her wälzt.

„Oh nein!", sagt sie. „Fettauge wird auch von Albträumen gequält." Nun will sie sich erst recht auf die Suche nach den Dingen für den Traumfänger machen. Knickohr begleitet sie.

Der Hund bellt fröhlich, und so gehen sie zusammen los bis zum See der tausend Augen. Da spiegeln sich die Bäume und der Himmel im Wasser. Auch eine große Trauerweide steht mit ihren herabhängenden, dünnen Ästen am Ufer. Genau die hat Schimmernde Zöpfe gesucht. Vorsichtig schneidet sie ein paar Ästchen ab. Dann sagt sie: „Danke für die Zweige, Weidenbaum. Sie werden helfen, den Schlaf meines Sohnes zu schützen." Danach kreuzt sie ihre Unterarme vor der Brust und verneigt sich leicht, um dem Baum noch einmal für sein Geschenk zu danken.

„Jetzt fehlen noch Brennnesselblätter. Die finden wir sicher im Wald", sagt Schimmernde Zöpfe zu Knickohr.

Im Indianerdorf ist Yakari inzwischen aufgewacht. Gut gelaunt springt er über das Gatter der Pferdekoppel neben dem Dorf. Dort sind die Pferde der Sioux, wenn die Indianer nicht ausreiten.

„Na, heute mal gut geschlafen?", begrüßt Kleiner Donner seinen Freund.

„Leider nicht", antwortet Yakari und springt Kleiner Donner auf den Rücken. „Aber das wird sich bald ändern, weil mir meine Mutter einen Traumfänger bastelt."

Neugierig, was Yakaris Mutter für den Traumfänger alles sammelt, machen sie sich auf, um sie zu suchen. Inzwischen geht Schimmernde Zöpfe mit Knickohr immer tiefer in den Wald. Schwanzwedelnd läuft ihr der Hund jetzt voraus.

„Warte!", ruft sie ihm nach. Aber schon ist er im Unterholz verschwunden, und Schimmernde Zöpfe läuft ihm, so schnell sie kann, hinterher. Dabei bleibt ihr Kleid an einem Dornbusch hängen: Ratsch – reißen einige der Federn ab, die ihr Kleid verzieren. Doch Schimmernde Zöpfe merkt es nicht. Knickohr schnüffelt derweil unbekümmert herum und findet ▷

einen stinkenden, hohlen Baumstumpf. Neugierig, wie er ist, springt er bellend einfach hinein.

„Knickohr?", ruft Schimmernde Zöpfe ängstlich, als sie ein Knurren aus dem Stumpf hört. Da springt Knickohr auch schon heraus: Eine mächtige Pranke mit fürchterlichen Krallen schlägt nach ihm. Plötzlich funkeln Schimmernde Zöpfe zornige gelbe Augen an. Ihr wird ganz schlecht vor Schreck: Es ist ein Vielfraß! Sofort fällt ihr Yakaris Traum wieder ein.

Als der Vielfraß sie sieht, springt er knurrend auf Yakaris Mutter zu. Aber Knickohr geht in letzter Sekunde dazwischen und lenkt das Raubtier von ihr ab. Trotzdem stolpert Schimmernde Zöpfe rückwärts über einen großen Stein und fällt ins Gras. Knickohr flitzt schnell in einen hohlen Baumstamm, der auf der Erde liegt. Der Vielfraß ist ihm dicht auf den Fersen und versucht, dem Hund in den Stamm zu folgen. Doch das Raubtier ist größer als der Hund und bleibt darin stecken.

Rasch springt Schimmernde Zöpfe auf, als sie das sieht. Sie schnappt sich den großen Stein, über den sie gerade gestürzt ist. Damit rennt sie auf den Vielfraß zu.

Aber bevor Yakaris Mutter den Brocken werfen kann, sprengt das Raubtier den Stamm mit aller Kraft. Der Vielfraß richtet sich auf den Hinterbeinen auf. Als Schimmernde Zöpfe schließlich den Stein werfen kann, wehrt die Bestie ihn ganz leicht mit ihrer starken Pranke ab. Der Brocken fliegt hoch in die Luft. Doch alles, was nach oben geht, kommt auch wieder herunter. Und so knallt der Stein dem Vielfraß mitten auf den Kopf. Mit einem lauten Rums bricht er zusammen.

„Schnell weg hier!", ruft Schimmernde Zöpfe Knickohr zu, und schon rennen die beiden, so schnell sie können. Nachdem sie eine Weile gelaufen sind, hält Schimmernde Zöpfe endlich an.

„Es ist viel zu gefährlich hier", stellt sie fest. „Wir müssen uns mit der Suche beeilen."
Knickohr fiept, als wollte er sagen: „Du hast recht."
Nicht weit entfernt strengen sich Yakari und Kleiner Donner an, die Fährte von Schimmernde Zöpfe nicht zu verlieren.

„Wo ist meine Mutter nur hingegangen?", fragt Yakari. „Sie geht sonst nie so weit." Er rutscht von Kleiner Donners Rücken, um nach Spuren zu suchen, und findet im Gras einige Federn. „Guck mal!", ruft er Kleiner Donner zu. „Meine Mutter hat doch solche Federn an ihrem Kleid! Da ist irgendwas passiert."

Während der Junge auf seinem Pony den Spuren von Yakaris Mutter nachreitet, findet Schimmernde Zöpfe ein verlassenes Vogelnest im Gras — mit sechs schwarz-weißen Federn darin.

„Ihr habt mir noch für den Traumfänger gefehlt", lacht sie und steckt die Federn in ihre Tasche.

Aber auch der Vielfraß ist inzwischen nicht faul. Er ist immer noch wütend und sucht die ganze Zeit nach der Indianerin und ihrem Hund. Jetzt entdeckt er die beiden! Noch bevor Schimmernde Zöpfe den Grobian bemerkt, hat Knickohr ihn schon gerochen. Vielfraße verbreiten nämlich mit ihrer Stinkdrüse einen unangenehmen Geruch.
„Ich bin fertig", sagt Schimmernde Zöpfe, doch dann bemerkt auch sie den Vielfraß. „Der schon wieder", seufzt sie. ▶

Knickohr stellt sich ihm entgegen, doch der Vielfraß schlägt mit seiner Pranke so fest zu, dass Knickohr durch die Luft gewirbelt wird. Schnell versteckt sich Schimmernde Zöpfe hinter einem Baum. Aber wenn nicht bald Hilfe kommt, wird der Vielfraß sie wieder angreifen.

Endlich treffen Yakari und Kleiner Donner ein. Gerade rechtzeitig!

„Hau ab!", schreit Yakari. Aber das macht den Vielfraß noch wütender. Zornig stellt er seine Nackenhaare auf und geht drohend auf Yakari zu. Doch der kleine Sioux lässt sich nicht einschüchtern und schnappt sich mutig einen Stock. Er ist fest entschlossen, dem Raubtier eins über die Nase zu geben.

Aber Knickohr kommt ihm zuvor. Blitzschnell rennt er von hinten auf den Vielfraß zu und beißt ihn ins rechte Hinterbein. Dafür bekommt er wieder einen Schlag mit der großen Pranke. Dann ist auch endlich Yakari da und zieht dem Ungetüm mit seinem Stock eins über. Auch Kleiner Donner hilft. Er bäumt sich auf und droht dem Vielfraß mit seinen kräftigen Vorderhufen. Von der anderen Seite kommt Schimmernde Zöpfe mit ihrem Stock, und Knickohr nutzt die Ablenkung, um den Vielfraß in den Po zu beißen. Im Halbkreis gehen Yakari, Kleiner Donner, Schimmernde Zöpfe und Knickohr auf den Vielfraß zu. Vier kämpfende Freunde sind selbst für den starken Vielfraß zu viel, und er läuft weg.

„Danke", sagt Schimmernde Zöpfe zu Yakari. „Ich bin stolz auf dich, mein Sohn."

„Und ich bin sehr stolz auf Knickohr und Kleiner Donner", lobt Yakari seine Freunde.

Zurück im Indianerdorf fängt Schimmernde Zöpfe sofort an, den Traumfänger zu basteln.

Fleißig arbeiten ihre Hände und knoten

Faden um Faden an dem Weidenring fest, bis ein schönes Muster entsteht. Es sieht aus wie eine hübsche Blume. Sie knotet noch Perlen mit ein, dann legt sie ihre Arbeit hin.

„Etwas fehlt doch noch", fällt ihr ein. Sie geht zu Kleiner Donner und sagt: „Erlaubst du, Kleiner Donner? Ich nehme auch nur die Haare, die schon lose sind." Bereitwillig beugt das Pony seinen Kopf, und Schimmernde Zöpfe zieht einige seiner langen Mähnenhaare heraus. Dann bedankt sie sich und vertieft sich wieder in ihre Arbeit. Schließlich dreht sie sich zu ihrem Sohn um.

„Der Traumfänger ist fertig. Wie gefällt er dir?"

„Der ist einmalig!", findet Yakari. „Den muss ich sofort ausprobieren." Da der Abend noch nicht angebrochen ist, gehen sie zu Fettauge. Der schläft immer noch unter seinem Baum und wieder quälen ihn Albträume. Leise hängt Yakari den Traumfänger an den Ast über Fettauges Kopf, und sofort schläft der dicke Indianer viel ruhiger.

„Besser", murmelt er im Schlaf. „Gut, ja gut."

„Es funktioniert wirklich", freut sich Yakari. Seit diesem Tag fängt der Traumfänger alle schlechten Träume. Alle guten Träume jedoch schlüpfen in der Mitte durch das Netz. Und die erzählt Yakari am nächsten Morgen dann seiner Mutter und seinem Freund Kleiner Donner.

▷▷▷◁◁

TOLLE INDIANERSACHEN SELBER MACHEN

TRAUM-FÄNGER

Das brauchst du

- ▷ Holz- oder Bambusring (Bastelgeschäft oder einen alten Gardinenring)
- ▷ Kordel oder Bast
- ▷ Wolle
- ▷ Lederband
- ▷ Perlen
- ▷ Federn

So wird's gemacht

1. Umwickle den Holzring mit Kordel oder Bast, bis der Untergrund nicht mehr zu sehen ist. Lasse die Enden der Kordel etwas überstehen und verknote sie zum Schluss für den Aufhänger.

2. Dann kannst du noch als Schmuck ein Lederband um den Ring winden und die Enden nach dem Verknoten ungleich lang herabhängen lassen.

3. An das Lederband kannst du bunte Federn anknoten und am Ring Perlenschnüre befestigen.

4. Für das Netz einen Faden in gleichmäßigen Abständen am Ring festknoten. Dabei entstehen Schlaufen. Wieder am Anfang angekommen, verschlingst du das Fadenende mit der ersten Schlaufe und arbeitest dich so immer weiter in die Mitte vor. Die Schlaufen werden nach innen immer kleiner und ein Netz entsteht. Wenn du willst, ziehe zwischendurch Perlen auf die Schnur. Zum Schluss verknotest du den Faden in der Mitte des Netzes und schneidest ihn ab.

5. Dann brauchst du den Traumfänger nur noch über dein Bett zu hängen – träum schön!

ZzZRrR

YAKARI UND GROSSER BOGEN

utsch!", ruft Yakari. Hat ihm wirklich eine vorwitzige Wurzel ein Bein gestellt? Nun liegt er lang ausgestreckt auf dem Waldboden. Doch als er wieder auf die Beine springt, sieht er, dass die Wurzel gar keine Wurzel ist. Er ist über einen riesigen Bogen gestolpert. Yakari hebt ihn auf.

„Und schwer ist der!", murmelt er. Dem Bogen fehlt zwar die Sehne, aber Yakari nimmt ihn trotzdem mit in sein Dorf. Vielleicht kennt einer der Sioux seines Stammes ja den Jäger, dem der Bogen gehört.

Wie jeder Indianerjunge weiß Yakari eine Menge über Bögen. Denn die Sioux lehren ihre Kinder, dass ein Bogen zu dem Jäger passen muss, der ihn trägt. Manche Jäger schnitzen ihren Bogen aus sehr hartem Holz – das macht ihn ganz starr. Andere Indianer mögen lieber weicheres Holz, das ihren Bogen etwas biegsamer macht. Die Sioux probieren aus, mit welcher Bogengröße sie am besten schießen können. Die Sehne eines Bogens stellen sie aus

Büffelsehnen her. Danach spannen sie sie auf den Bogen. Die Sehne ist es, die dem Pfeil die Schnelligkeit verleiht.

Yakari sieht sich den Bogen auf dem Heimweg immer wieder an und fragt sich: „Wem wird wohl dieser Riesenbogen gehören?"

Als er im Indianerdorf ankommt, fragt er das auch seine Stammesbrüder. Doch auch sie sind ratlos.

„So einen Bogen habe ich noch nie gesehen", sagt Stiller Fels, der Stammesälteste.

Yakaris Vater Kühner Blick schafft es nur mit aller Kraft, eine neue Sehne auf den Bogen zu spannen.

„Hast du schon einen Schuss gewagt?", fragt Stiller Fels.

„Nein", antwortet Kühner Blick. Er legt einen Pfeil an und stöhnt auf. „Unmöglich!", schüttelt er den Kopf. „Das Holz ist zu hart. Meine Kraft reicht nicht aus, um den Bogen zu spannen." ▷

Die Dorfbewohner stehen neugierig um ihn herum
und wundern sich. Immerhin ist Kühner Blick einer der
kräftigsten Männer des Dorfes.

„Welcher Jäger wäre wohl stark genug, diesen Bogen
zu benutzen?", fragt Der-der-alles-weiß. Plötzlich
schweigen alle vor Schreck. Wer kommt denn da?

„Wer ist das?!", ruft Yakari. Ein Indianer, groß wie
ein Tipi, geht mit schnellen Schritten auf
Kühner Blick zu, und ohne ein
Wort zu sagen, nimmt er ihm
den großen Bogen aus der
Hand. Dann zieht er einen
Pfeil aus seinem Köcher,
dem Pfeilkorb, den er auf

dem Rücken trägt. Er legt den Pfeil an, spannt den Bogen und – sssssssssssipp – der Pfeil flitzt auf einen Baumstamm zu und durchbohrt ihn. Die Indianer staunen nicht schlecht.

„Nun wissen wir, dass dieser Bogen nur ihm gehören kann", nickt Kühner Blick.

„Böse sieht er nicht aus", stellt Yakari fest.

Stiller Fels stellt sich neben den Indianer. „Nun großer Jäger", beginnt er. „Wie heißt du also?"

Wieder sagt der fremde Indianer kein Wort, sondern hebt nur seinen großen Bogen. Die Dorfbewohner beginnen, sich vor dem Riesen zu fürchten. Da stellt sich Yakari vor ihn und sagt: „Habt doch keine Angst! Vielleicht kann er nicht sprechen und versucht, uns so etwas zu sagen?"

„Du bringst mich auf eine Idee, Yakari", sagt Kühner Blick, zieht einen Pfeil aus seinem Köcher und schießt ihn direkt über den Pfeil des Fremden. Der wirft seine Arme vor Begeisterung in die Luft und lacht.

„Wie heißt du?", fragt nun Kühner Blick. Wieder zeigt der Riese auf seinen Bogen.

„Vielleicht heißt er Großer Bogen", fällt Yakari ein. Damit scheint er recht zu haben, denn der Riese hebt den Indianerjungen hoch und wirbelt ihn fröhlich in der Luft herum.

„Willkommen, Großer Bogen!", mischt sich Der-der-alles-weiß ein. „Da du als Freund gekommen bist, darfst du so lange bei uns bleiben, wie du möchtest." Alle fragen sich, ob der riesige Indianer vielleicht die Zeichensprache der Sioux versteht. Doch leider kennt er sie nicht, weil er aus den Bergen kommt. Also möchte Yakari ihm die Zeichensprache beibringen. ▷

Am nächsten Morgen stellt er Großer Bogen zuerst seinem Pony vor. Neben Großer Bogen wirkt Kleiner Donner überhaupt nicht mehr wie ein Pferd, sondern eher wie ein Hund. Kleiner Donner ist das sehr peinlich.

„Ich bin gar nicht so klein. Er ist nur sehr groß geraten", wiehert er.

Die drei machen sich trotzdem einen schönen Tag zusammen. Sie pflücken Äpfel und gehen baden. Dann läuft Großer Bogen mit Kleiner Donner um die Wette. Und wer weiß, wenn Großer Bogen nicht gestolpert wäre, hätte er Kleiner Donner vielleicht sogar eingeholt! Als sie im Wald ankommen, beginnt Yakari endlich mit dem Zeichensprachen-Unterricht.

„Bär" sagt man, indem man die halb geöffneten Hände hinter die Ohren legt. Das hat Großer Bogen sofort begriffen.

„Das ist ein Elch", lehrt Yakari seinen Freund und zeigt auf das Tier mit dem Schaufelgeweih. Der Elch steht nämlich gerade ganz in der Nähe der beiden. Aber – oh nein! – Yakari bemerkt den Jäger Gespannter Bogen nicht, der auf das grasende Tier schießen möchte. Dafür sieht ihn Großer Bogen und jagt schnell einen Pfeil in den Baumstamm neben Gespannter Bogen. Erschrocken flieht der Jäger in den Wald, und auch der Elch läuft davon. Allerdings in die andere Richtung.

Yakari schimpft: „Warum hast du auf den Elch geschossen? Ich stelle dir meine Freunde vor, und du schießt auf sie!" Großer Bogen zeigt in die Richtung, in die Gespannter Bogen weggelaufen ist, aber Yakari versteht nicht, was er ihm sagen möchte. „Ich

bin enttäuscht von dir, Großer Bogen!", ruft Yakari wütend. „Jetzt bring ich dir gar nichts mehr bei!" Dann läuft er nach Hause. Großer Bogen fühlt sich ungerecht behandelt. Aber was soll er tun? Er kann nun mal nicht sprechen. Traurig und wütend über seinen Bogen, der ihm das alles eingebrockt hat, zerbricht er ihn.

Danach sucht er nach Gespannter Bogen. Als er ihn findet, hält der ihn für den Großen Geist, der mit dem langen Pfeil auf ihn geschossen hat. Deshalb sitzt er jammernd auf dem Waldboden und fleht den Großen Geist an, nicht mehr auf ihn zu schießen. Großer Bogen sieht hinab auf das Häufchen Elend. Dann setzt er sich ein Stückchen entfernt nachdenklich auf einen Stein. Gespannter Bogen glaubt nun nicht mehr, dass der sanfte Riese der Große Geist ist. Er schleicht sich von hinten an den riesigen Indianer heran und schlägt ihm seinen Bogen so fest auf den Kopf, dass der zerbricht. Das lässt sich Großer Bogen natürlich nicht gefallen. Er schnappt sich den Jäger, der sofort zu zittern anfängt. Er hat sich eine ganz besondere Strafe für Gespannter Bogen ausgedacht. ▷

Inzwischen ist Yakari im Dorf angekommen und erzählt alles seinem Vater. Kühner Blick kann nicht glauben, dass Großer Bogen auf den Elch geschossen hat. Gemeinsam machen sie sich auf die Suche nach dem stummen Indianer, und schon bald finden sie den entzweiten Bogen.

„Warum hat Großer Bogen den zerbrochen?", fragt Yakari.

„Er möchte dir damit vielleicht etwas sagen", überlegt Kühner Blick. Und dann entdecken die beiden auch die Spuren von dem zweiten Jäger. Auf einmal ist ihnen klar, dass Großer Bogen den Elch nicht erschießen, sondern vor einem Jäger retten wollte.

Plötzlich hören sie jemanden schreien und laufen in die Richtung, aus der die Rufe kommen. Da hängt Gespannter Bogen an den Trägern seines Köchers zappelnd am Ast eines Baumes.

Als er Kühner Blick sieht, kreischt er: „Vorsicht! Dieser Riese ist der Große Geist, und er ist verrückt!"

„Nein", antwortet Kühner Blick, „das ist Großer Bogen und ein Freund von Yakari."

Yakari entschuldigt sich bei seinem neuen Freund und reitet auf Großer Bogens Schultern zu dem kreischenden Jäger, dem er seinen zerbrochenen Bogen zurückgibt.

Als Gespannter Bogen wieder auf dem Boden steht, rät ihm Kühner Blick: „Ich denke, das ist eine Geste der Entschuldigung. Sie anzunehmen, wäre äußerst klug."

„Kommt gar nicht infrage", zetert Gespannter Bogen. „Der ist verrückt und ihr genauso!" Dann zieht er beleidigt ab.

Auf dem Heimweg erklärt Kühner Blick: „Siehst du, mein Sohn, Worte und Zeichen können uns ebenso helfen wie auch verwirren. Doch die einzige Sprache, die die Wahrheit sagt, ist die Sprache des Herzens."

Yakari nickt zustimmend: „Und jeder kann sie verstehen!"

VIELFRASS

Den Vielfraß fürchten die Indianer als gefährliches Raubtier. Er ist ein Säugetier und gehört zur Familie der Marder – allerdings ist er deutlich größer als die Marder, die wir in unserem Lebensraum kennen.

Sein Name hat übrigens nichts damit zu tun, dass er besonders viel fressen würde: In alten nordischen Sprachen wird er als Fjellfräs bezeichnet, was so viel bedeutet wie Gebirgskatze. Und mit der Zeit hat sich in unserer Sprache daraus das Wort Vielfraß entwickelt.

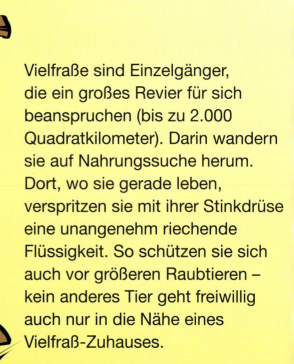

Vielfraß Fakten

Körperlänge von Kopf bis Rumpf
65–105 Zentimeter

Schwanzlänge
17–26 Zentimeter

Gewicht
bis 32 Kilogramm (Männchen),
bis 20 Kilogramm (Weibchen)

Vielfraße sind Einzelgänger, die ein großes Revier für sich beanspruchen (bis zu 2.000 Quadratkilometer). Darin wandern sie auf Nahrungssuche herum. Dort, wo sie gerade leben, verspritzen sie mit ihrer Stinkdrüse eine unangenehm riechende Flüssigkeit. So schützen sie sich auch vor größeren Raubtieren – kein anderes Tier geht freiwillig auch nur in die Nähe eines Vielfraß-Zuhauses.

Gut zu wissen

▶ Vielfraße leben in Skandinavien, Sibirien, Alaska und Kanada.

▶ Sie bauen Nester aus Blättern und Gräsern in Höhlen, Felsspalten, hohlen Baumstämmen oder unter umgestürzten Bäumen.

▶ Als Nahrung jagen sie im Winter Hasen, Mäuse, Eichhörnchen oder Schneehühner, manchmal auch Elche oder Rentiere. Im Sommer suchen sie tote Tiere, Vogeleier und Beeren.

▶ Die Weibchen bringen nach etwa 30–40 Tagen Tragezeit zwei bis vier Junge zur Welt.

DER FLUSS DES VERGESSENS

Yakari und Kleiner Dachs versuchen, Lachse zu fangen. Jedes Jahr um die gleiche Zeit wandern diese Fische den Fluss hinauf zum Platz ihrer Geburt. Doch in diesem Jahr stehen die Jungs und Regenbogen vergeblich oben am Wasserfall und warten. Kleiner Dachs wird schon ungeduldig.

„Nicht ein Fisch den ganzen Morgen, das nervt langsam."

Yakari springt auf Kleiner Donner und ruft Regenbogen und Kleiner Dachs zu: „Ich versuch's woanders!"

Regenbogen mahnt ihn noch: „Sei vorsichtig, Yakari! Die Strömung wird flussabwärts immer schneller und gefährlicher."

Als Yakari eine Weile durchs Tal der Wilden Wasser geritten ist, hört er plötzlich ein klägliches Jaulen. Da entdeckt Kleiner Donner ein Bärenjunges, das an einem Ast hängt, der über den reißenden Fluss ragt.

Sofort eilt der kleine Sioux-Junge los, um dem Bären zu helfen. Endlich erreicht er ihn, packt seine Tatze, aber dann passiert es: Der Ast bricht.

Kleiner Donner ruft noch: „Vorsicht, Yakari!", aber es ist zu spät.

Yakari und das Bärenjunge stürzen in das tosende Wasser. Der Fluss reißt sie in rasender Geschwindigkeit mit sich.

Kleiner Donner galoppiert gleich los und hofft, seinen Freund noch retten zu können. Er hält kurz an und sieht den kleinen Bären ans gegenüberliegende Ufer klettern. Aber Yakari taucht nicht auf.

Da, ein verzweifeltes Stöhnen! Ein Ruf! „Kleiner Donner!" Dann nichts mehr.

Yakari hat sich den Kopf an einem Stein im Wasser gestoßen und geht unter. Ganz gleich, wie laut Kleiner ▷

Donner seinen Namen ruft und wo er sucht: Yakari bleibt verschwunden.

„Das darf nicht sein", jammert das Pony.

Stunden später findet die Mutter des Bärenjungen, das Yakari retten wollte, den jungen Sioux erschöpft am Ufer liegen.

Kleiner Donner galoppiert inzwischen, so schnell er kann, zu Regenbogen und Kleiner Dachs.

„Wo ist Yakari?", fragt Kleiner Dachs sofort, aber Kleiner Donner lässt nur mutlos seinen Kopf hängen. Regenbogen begreift sofort.

„Oh nein!", ruft sie. „Es muss ihm etwas zugestoßen sein."

Als Kleiner Donner nickt, beeilen sich die Freunde, ins Indianerdorf zu kommen, um Yakaris Eltern, Kühner Blick und Schimmernde Zöpfe, von dem Unglück zu erzählen. Sofort reitet Kühner Blick zusammen mit den Kindern und Kleiner Donner los.

Währenddessen hat die Bärenmutter den kleinen Sioux in ihre Höhle gebracht und wieder aufgepäppelt. Yakari fühlt sich frisch und gesund.

Deshalb sagt er am nächsten Morgen: „Ich geh jetzt nach Hause!" Aber ihm will absolut nicht einfallen, wo das ist: zu Hause. Geknickt und ratlos steht er da.

Da tröstet ihn die Bärenmutter. „Das macht nichts. Ich werde dich heimbringen. Du musst mir nur sagen, von welchem Menschenstamm du kommst und wie du heißt."

„Keine Ahnung", antwortet Yakari. „Ich, ich habe alles vergessen."

„Das macht es nicht leicht", schüttelt die Bärin ihren dicken Kopf. „Sei unbesorgt, kleines Menschlein! Das wird schon!" Dann machen sich die beiden auf den Weg. ▷

„Wollen wir die Plätze suchen, an denen du vorbeigekommen bist? Das könnte deiner Erinnerung helfen."

„Aber wie?", fragt Yakari. „Du bist das Erste, woran ich mich erinnern kann. Alles andere habe ich vergessen."

„Tja", seufzt seine Begleiterin. „Das ist der Fluss des Vergessens. Er ist verflucht. Auch ich habe hier etwas verloren, was ich sehr geliebt habe."

„Was denn?", möchte Yakari wissen.

„Alles zu seiner Zeit, kleiner Mensch",
vertröstet ihn die Bärin und tapst weiter.

Irgendwann kreuzt Müder Krieger, ein Indianer aus Yakaris
Stamm, ihren Weg. Aber Yakari erkennt ihn nicht. Und bis
Müder Krieger seine Gedanken geordnet hat und „Hallo,
Yakari!" sagt, hören ihn die beiden schon nicht mehr.

Sie treffen Bisons, und der Name kommt Yakari bekannt
vor, genauso wie ein Regenbogen, der sich über einen Fluss
wölbt, oder Großer Adler, der über ihnen kreist.

Auch Kühner Blick, Kleiner Dachs und Regenbogen
sind viel umhergestreift, um Yakari zu finden. Nach langer,
erfolgloser Suche sieht Kühner Blick auf einmal Großer Adler
auf einem Ast sitzen.

„Ein Adler!", ruft er erleichtert. „Yakaris Totem. Das ist ein
Zeichen! Wir sind auf dem richtigen Weg, Kinder! Los!" Eilig
folgen sie dem König der Lüfte.

Das Bärenweibchen fängt inzwischen Fische für sich und
den Sioux-Jungen. Und als sie Yakari zärtlich mit der Nase
anstupst, fällt er nach hinten um und überschlägt sich.

„He!", ruft er. ▷

„Oje, entschuldige den Stups", antwortet die Bärin. „Ich unterschätze meine Kraft. Mit Honigtau ist mir das nie passiert."

„Honigtau, wer ist das?", will Yakari wissen. Er spürt, dass die Bärin etwas bedrückt.

„Ach, das ist mein kleiner Sohn, und ich suche nach ihm."

„Bärenjunges!", denkt Yakari laut. „Großer Adler! Kleiner Dachs! Regenbogen! Das Bärenjunge!" Auf einmal erinnert er sich wieder. „Ich weiß, wo ich deinen Sohn gesehen habe. Ich weiß wieder alles! Ich kann dich da hinführen."

Doch plötzlich bemerkt er seinen Vater und seine Freunde, die Großer Adler gefolgt sind und so Yakari endlich gefunden haben. Strahlend schließen sie einander in die Arme.

Bevor Yakari Kühner Blick nach Hause begleiten kann, möchten er und seine Freunde aber erst noch der Bärin helfen, ihren Sohn zu finden. Schnell erreichen sie die Stelle, an der Yakari ihn vermutet, und tatsächlich: Da sitzt das Bärenjunge und leckt Honig.

„Mama!", ruft es.

„Honigtau, Liebling!" Glücklich und froh schließt die Bärenmutter ihren Sohn in die Arme, genauso wie wenig später im Indianerdorf Schimmernde Zöpfe ihren Jungen Yakari. Alle sind froh, gesund wieder beisammen zu sein.

TOLLE INDIANERSACHEN SELBER MACHEN

FEDEROHRRINGE

Das brauchst du

▷ **Federn**

▷ **Perlen**

▷ **Ohrclip-Rohlinge mit** zusätzlicher Öse (Bastelgeschäft)

▷ **Moosgummi, Filz**

▷ **Leder- oder Stoffreste**

▷ **dünnen Draht**

▷ **Fotokleber oder** doppelseitiges Klebeband

So wird's gemacht

Ohrclips

Hier sind deiner Fantasie keine Grenzen gesetzt. **Beispiele:**

1. Schneide dir aus Filz oder Moosgummi eine Form wie Dreieck, Blume, Tropfen o.Ä. zurecht. Befestige sie mit einem Fotokleber oder doppelseitigem Klebeband auf dem Ohrclip-Rohling. Durch die Öse kannst du dann noch eine Feder ziehen und eine Perle darüberfädeln.

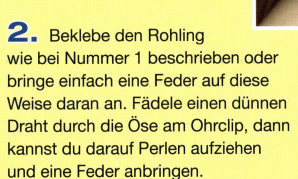

2. Beklebe den Rohling wie bei Nummer 1 beschrieben oder bringe einfach eine Feder auf diese Weise daran an. Fädele einen dünnen Draht durch die Öse am Ohrclip, dann kannst du darauf Perlen aufziehen und eine Feder anbringen.

3. Wenn du aus dem Draht zusätzlich noch einen Ring formst, kannst du daran mehrere Federn und Perlen festmachen.

DER GESANG DES RABEN

„**B**ravo!", klatscht Yakari und freut sich über das wundervolle Lied, das der Vogel Kernbeißer geträllert hat.

„Nicht einmal Stiller Fels zaubert solche Töne aus seiner Flöte", stimmt Kleiner Donner seinem Freund zu.

„Danke, Freunde!", piept Kernbeißer. „Ihr macht mich ganz verlegen."

„Ja", meint der Fasan. „Ich würde all meine Schwanzfedern geben, um so eine schöne Stimme zu haben." Viele Tiere des Waldes haben sich auf der Lichtung versammelt, um dem Gesang des blaugelben Kernbeißers zu lauschen. Sogar der Elch ist gekommen.

Kernbeißers Gesang lockt aber auch den Raben Krick-Krack an. Dieser fegt den kleinen Sänger mit einem Flügelwisch vom Ast, plustert sich auf und tönt: „Krah! Was, hier findet ein Sängerwettstreit statt? Warum hat mir denn keiner Bescheid gesagt?"

Yakari schimpft mit Krick-Krack und fordert ihn auf, sich zu den anderen zu setzen, um Kernbeißers Gesang zu lauschen. Doch Krick-Krack wirft den Rabenkopf in die Luft und krächzt: „Ich will nicht zuhören. Nein, nein, nein! Ich will selber singen."

„Du und singen?", fragt Yakari ungläubig. Krick-Krack behauptet doch tatsächlich, Raben wären hervorragende Sänger und er selbst sei auch noch bei Weitem der Beste. Alle Tiere lachen. Doch das hält Krick-Krack nicht von seinem Rabengesang ab.

„Krah, krah, krah!", krächzt es so schauerlich vom Ast herunter, dass es jedem in den Ohren schmerzt. Und husch laufen alle Zuhörer weg.

„Mir fällt gleich das Geweih ab!", verabschiedet sich der Elch.

„Ich muss leider nach Hause, meine Ohren klingeln schon", piept Kernbeißer.

„Ich muss dringend die Nüsse zählen für den Winter", entschuldigt sich das Eichhörnchen.

„Yakari!", wiehert Kleiner Donner. „Es ist furchtbar, lass uns nach Hause gehen!" Yakari hält sich die Ohren zu und läuft hinter Kleiner Donner her.

„Wo wollt ihr denn alle hin?", krächzt Krick-Krack von seinem Ast herunter. „Ich bin doch noch gar nicht fertig!"

„Fürs Erste reicht es uns trotzdem", antwortet Yakari. ▷

„Weil ihr meinen Gesang so schön findet. Ich bin eben der beste Sänger von allen. Das wusste ich ja schon lange!", lobt sich der Rabe. Da stellt sich Yakari auf den Rücken von Kleiner Donner und lässt sich zu Krick-Kracks Ast tragen. Nun stehen sich die beiden fast Auge in Auge gegenüber.

„Sag mal!", beginnt Yakari. „Das meinst du doch nicht ernst, oder? Sei mir bitte nicht böse, aber Raben sind nun mal keine Singvögel."

„Krah!", regt sich Krick-Krack auf. „Was für eine bodenlose Frechheit! Sei lieber ehrlich und sag mir, dass ich viel zu viel Talent für eure schlichten, kleinen Ohren habe!"

Doch Kleiner Donner schüttelt den Kopf.

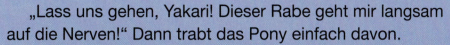

„Lass uns gehen, Yakari! Dieser Rabe geht mir langsam
auf die Nerven!" Dann trabt das Pony einfach davon.

„Bleibt gefälligst hier! Das ist ein Befehl!", krächzt der
Rabe ihnen hinterher.

„Übertreib's nicht, Krick-Krack!", warnt ihn Yakari und
reitet auf Kleiner Donner zurück ins Indianerdorf. Yakari hofft,
der Rabe hat verstanden, dass er nicht nur ein schlechter,
sondern ein ganz grauenhafter Sänger ist. Leider irrt er sich!
Denn von diesem Tag an, unternimmt Krick-Krack alles, um
Yakari zu beweisen, was für ein guter Sänger er ist.

Yakari sitzt beim Essen, Krick-Krack landet auf seinem
Kopf und krächzt. Yakari reitet mit Kleiner Donner aus,
Krick-Krack fliegt knapp über ihre Köpfe hinweg.

„Also, wer ist nun der beste Sänger?", kräht er.

„Du sicher nicht! Du singst wie ein rostiger
Wasserkessel!", ruft ihm der kleine Indianer zu. Das ist
nicht die Antwort, die Krick-Krack hören wollte, und
er wird zornig. Er verfolgt die beiden, die sich schnell
hinter einem Baumstamm verstecken. Bald findet
Krick-Krack ein neues Opfer: Regenbogen. ▷

Yakari ahnt nicht, dass der Rabe sie schon entdeckt hat, und zieht die Freundin in sein Versteck.

Aber schon schreit Krick-Krack wieder: „Wer hat die schönste Stimme? Klar, dass ich gewinne!"

„Weg hier!", ruft Yakari und läuft mit Regenbogen an der Hand los. Ewig können sie sich aber vor Krick-Krack nicht verstecken, und Weglaufen ist auch keine Lösung. Also denken sie sich eine List aus, wie sie den aufdringlichen Raben loswerden können.

Da der lästige schwarze Vogel ihnen überallhin folgt, fällt ihnen schnell etwas ein. Sie legen sich ein Bisonfell um, sodass unten nur noch ihre Beine zu sehen sind. So gehen sie durchs Indianerdorf, und Krick-Krack trippelt ihnen hinterher. Auch am Tipi von Fettauge, der wie immer schläft, kommen sie vorbei. Nur ganz kurz öffnet der doch seine Augen, als die drei vorübergehen, und wundert sich.

„Hä, eine Decke mit vier Beinen? Hä, ein Vogel, der geht? Komischer Traum!", findet er und schnarcht weiter.

Yakari und Regenbogen sind nun am Zaun der Koppel angekommen. Krick-Krack möchte sie sofort mit einem weiteren Lied quälen.

Da ruft Yakari: „Jetzt!", und die beiden werfen das Bisonfell über den Raben. Kurze Zeit scheint es, als hätten sie ihn gefangen. Aber Krick-Krack ist flink, hüpft unter der Decke hervor und flattert beleidigt davon. Die Kinder ärgern sich. Doch wenigstens sind sie den Raben erst mal los.

Da kommen Schnelle Schildkröte und Stiller Fels vorbei.

126

„Euch macht wohl dieser freche Vogel Schwierigkeiten, was?", fragt Schnelle Schildkröte.

„Ja, er hört nicht auf, uns zu ärgern, und dann kann er auch noch fliegen."

„Dann fangt den Vogel", lacht Schnelle Schildkröte. „Nichts ist einfacher als das. Hört auf den Rat der Ältesten." Dann flüstert sie Yakari etwas ins Ohr.

Krick-Krack nervt in der Zwischenzeit die Tiere des Waldes mit seinem Gesang.

Das Eichhörnchen sagt: „Wie schrecklich!"

Der Elch ruft: „Da vergeht mir der Appetit!"

Der Hase flieht ins Unterholz, und der Kojote droht: „Sei still oder ich beiß dich!" ▷

127

Yakari und Regenbogen haben die Zeit genutzt, um ihre Falle vorzubereiten. Sie schütten eine dicke Schicht klebriges Kiefernharz über einen hohlen Baumstamm, der auf einer Lichtung liegt.

„Sobald Krick-Krack sich auf den Baumstamm setzt, kann er nicht wieder wegfliegen. So haben Schnelle Schildkröte und Stiller Fels, als sie klein waren, Elstern gefangen", erklärt Yakari der Freundin. Da kommt der Fasan angelaufen.

„Bist du bald fertig, Yakari? Krick-Krack treibt uns alle in den Wahnsinn!"

„Ja", erwidert Yakari, „wir müssen ihn nur noch herlocken." Also setzen sich die Tiere des Waldes, die Sioux-Kinder und Kleiner Donner auf die Lichtung und warten. Schon bald kommt Krick-Krack auf der Suche nach Zuhörern angeflogen. Er landet sofort auf dem nächsten Baum.

„Ein neuer Gesangswettbewerb?", fragt er. „Und ihr wartet auf meine Darbietung! Ist es so?" Alle nicken. Doch der Rabe möchte sich absolut nicht auf den Baumstamm mit dem Kiefernharz setzen, aus Angst, Yakari könnte ihn wieder fangen.

Da schmeichelt ihm der kleine Indianerjunge, indem er sagt: „Du sollst das Lob bekommen,

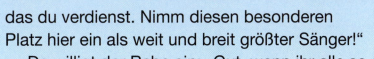

das du verdienst. Nimm diesen besonderen Platz hier ein als weit und breit größter Sänger!"

Da willigt der Rabe ein: „Gut, wenn ihr alle so darauf besteht, werde ich für euch singen." Jeder jubelt, als der Rabe sich endlich in das Harz auf dem Baumstamm setzt. Und alle fliehen, als er mit seinem Krächzgesang beginnt. Yakari und Regenbogen halten sich die Ohren zu.

„Warum laufen alle davon? Wo ist mein Lob?", wundert sich der Vogel.

„Alle haben dir nur gezeigt, was sie empfinden. Du singst schlecht, Krick-Krack!", sagt Yakari.

„Du Betrüger! Du hast mich reingelegt!", schimpft der Rabe.

„Du hast nicht aufgehört, uns alle zu nerven. Es ging nicht anders", erwidert Yakari.

„Na warte!", droht Krick-Krack, aber als er auffliegen möchte, klebt er fest.

„Ich lass dich erst frei, wenn du versprichst, dass du uns nie mehr ärgerst", sagt Yakari bestimmt. Da hat der Rabe endlich ein Einsehen und verspricht schweren Herzens doch noch, das Singen aufzugeben.

▶▶▶◀◀◀

VÖGEL ERKENNEN

Teil 1

Wie alle Indianer bewundert Yakari die Vögel, weil sie hoch hinauf fliegen können und so dem Schöpfer, der Himmel und Erde gemacht hat, am nächsten kommen. Durch sein Totemtier Großer Adler hat der kleine Sioux außerdem eine ganz besondere Verbindung zu den großen und kleinen Flugkünstlern. Hier zeigt dir Yakari ein paar seiner gefiederten Freunde, auf der Seite 150–151 findest du noch weitere Vögel, die in Nordamerika vorkommen.

Rabe

Raben sind sehr intelligente Vögel. Früher hielt man sie als Haustiere, manche Raben konnten sogar die menschliche Stimme nachahmen, ähnlich wie ein Papagei.

Leider haben Raben keine besonders schöne Singstimme, sondern krächzen nur – der Rabe Krick-Krack ist das schlimmste Beispiel dafür, findet Yakari.

Bei den Indianern gab es viele Sagen um den Raben: So hat er zum Beispiel Sonne, Mond und Sterne an den Himmel gehängt.

Elster

Die Elster gehört zu den Rabenvögeln. Du erkennst sie gut an ihrem schwarz-weißen Gefieder. Die schwarzen Federn glänzen metallisch.

Für die Indianer ist die Elster ein Geistwesen, das mit den Menschen befreundet ist.

Typisch für die Elster ist ihr abgehackter, schnarrender Ruf, der wie „tschäck-tschäck-tschäck" klingt.

Elstern fressen vor allem Insekten, Larven, Würmer, Spinnen und Schnecken. Aber auch kleine Mäuse oder Echsen gehören zu ihrer Nahrung, ebenso bereits erlegte Tiere anderer Räuber sowie Vogeleier.

Kernbeißer

Seinem großen, kräftigen Schnabel verdankt der Kernbeißer, dessen Gesang Yakari so gerne lauscht, seinen Namen. Der Schnabel ist so kräftig, dass der Vogel damit harte Obstkerne aufknacken kann.

Außerdem fressen Kernbeißer Samen von Laubbäumen und Früchten sowie Insekten.

Der natürliche Lebensraum dieser Vögel sind Wälder – vielleicht hast du bei einem Waldspaziergang Glück und siehst einmal einen Kernbeißer.

DAS UNGLEICHE DUELL

Als ich noch jung und rastlos war, da begegnete mir einmal ein Puma. Der war so groß wie ein Riese. Und er war so groß wie meine Angst." Damit beginnt Stiller Fels eine Geschichte für Yakari und Kleiner Dachs. „Doch ich wich ihm aus und traf ihn mit einem Stein. Zuerst lag der Puma da wie tot. Später wurde er nie mehr gesehen."

Da lacht Hastiges Eichhörnchen, ein junger Sioux, denn er glaubt die Geschichte nicht. Der junge Sioux meint, ein Dorfältester sollte nicht mit solchen Lügengeschichten prahlen.

„Sag, Hastiges Eichhörnchen", spricht Stiller Fels zu ihm, „wärst du bereit, deine Kräfte mit denen eines anderen Stammesmitglieds zu messen?"

„Ja!", antwortet Hastiges Eichhörnchen. „Das bin ich jederzeit. Wer ist denn der Jäger, der mich herausfordert?"

Da antwortet Stiller Fels: „Ich!"

Yakari und Kleiner Dachs erschrecken. Wie soll der steinalte Mann gegen den kräftigen, jungen Sioux gewinnen?

Yakari möchte ihn noch davon abhalten, aber Stiller Fels beachtet ihn nicht weiter. Zu Hastiges Eichhörnchen sagt der Alte: „Siehst du den Baum da drüben, der voller reifer Früchte hängt? Mal sehen, wer am meisten davon erntet."

Hastiges Eichhörnchen ist einverstanden. Er brüstet sich noch, der beste Kletterer weit und breit zu sein.

Kleiner Dachs flüstert Yakari zu: „Ist Stiller Fels etwa verrückt geworden? Da kommt er doch nie hoch!"

„Oder er bricht sich alle Knochen", flüstert Yakari zurück.

Inzwischen gehen die Männer zu dem Pflaumenbaum. Kleiner Dachs und Yakari wollen um nichts in der Welt verpassen, was passiert. Während Hastiges Eichhörnchen seinem Namen alle Ehre macht und flink auf den Baum klettert, setzt sich Stiller Fels einfach darunter und tut nichts.

„Was macht er da?", fragt Kleiner Dachs.

„Psst!", macht Yakari. „Lass ihn! Er muss sich konzentrieren."

Aber Kleiner Dachs meint: „Das Alter verwirrt seinen Geist."

Hastiges Eichhörnchen pflückt eine Frucht nach der anderen und legt sie in seine Umhängetasche. Dabei zittern die Äste, und viele reife Pflaumen fallen hinunter auf die Erde. Als der junge Krieger seinen Beutel gefüllt hat, ▷

klettert er vom Baum und sagt zu Stiller Fels: „So, dies ist meine Ernte." Stolz zeigt er seine gefüllte Tasche. Dann staunt er: „Stiller Fels! Du sitzt hier einfach so?"

„Ja, ich sitze hier in meiner Ernte", antwortet Stiller Fels, der in einem Riesenberg Pflaumen sitzt. Wütend wirft Hastiges Eichhörnchen seine Tasche auf den Boden.

„Ja", sagt Stiller Fels. „Nur ein reifer und erfahrener Mann erkennt die reife Frucht, die bald vom Baum fällt."

„Du hast gewonnen, Stiller Fels!", freuen sich Yakari und Kleiner Dachs.

„Ja", brummt Hastiges Eichhörnchen. „Du hast gewonnen. Aber ein guter Jäger sitzt nicht nur einfach da und wartet, bis ihm die Früchte in den Schoß fallen." Yakari und Kleiner Dachs können gar nicht mehr aufhören zu kichern.

Doch da sagt Stiller Fels: „Du sprichst die Wahrheit, Hastiges Eichhörnchen. Schließlich kann man das, was ein Mann kann, nicht nur an einer Prüfung sehen. Ich fordere dich also ein weiteres Mal heraus."

Wieder willigt Hastiges Eichhörnchen ein, aber er fügt hinzu: „Überlege dir etwas für einen großen Jäger."

„Stiller Fels, warum lässt du dir das nur alles von diesem Angeber bieten?", fragt Yakari den Stammesältesten. Doch bevor der antworten kann, will Hastiges Eichhörnchen wissen, was die nächste Prüfung ist.

„Das Fischen ist das Erste", erklärt Stiller Fels, „Bogenschießen danach und das Ausbilden eines Mustangs natürlich."

Der junge Jäger antwortet aufgeblasen: „Na gut, wir sehen uns am Fluss."

Yakari fragt Stiller Fels, was er vorhat, denn er hat ihn noch nie beim Bogenschießen oder beim Reiten gesehen.

„Weil er so dringend gewinnen muss, soll er nicht enttäuscht werden", sagt der alte Mann. ▷

„Denkst du, in meinem Alter muss man sich noch etwas beweisen, Yakari? Er muss das schon. Und nun, da er fischen gegangen ist, habe ich endlich Zeit, die köstlichen Pflaumen zu genießen." Also bleibt Stiller Fels neben seiner „Ernte" unter dem Baum sitzen und isst.

Yakari und Kleiner Dachs beschließen, den Angeber Hastiges Eichhörnchen ein bisschen zu ärgern. Und Yakari hat auch schon einen Plan. Familie Biber ist immer zu einem Spaß bereit und hilft ihm. Blitzschnell fangen die Biber eine Menge Fische. Die legt Yakari ganz leise und heimlich in die Tasche von Stiller Fels. Der ist mit vollem Bauch eingeschlafen. Als Hastiges Eichhörnchen vom Fischen zurückkommt, sagt er: „Ich habe sieben Fische gefangen. Gib zu, dass du verloren hast."

„Eine wahre Meisterleistung", lobt ihn Stiller Fels. „So viel Glück hatte ich nicht."

Doch als er die Tasche ausleert, fallen zu seiner Verwunderung vierzehn Fische heraus.

„Was, so viele Fische?", fragt der junge Jäger entsetzt. „Du hast schon wieder gewonnen!"

Nun geht's ans Bogenschießen. Hastiges Eichhörnchen beginnt. Er sucht einen Baumstumpf aus. Wer genau in die Mitte trifft, hat gewonnen. Hastiges Eichhörnchens Pfeil trifft haargenau. Danach reicht er Stiller Fels seinen Bogen.

„Es ist recht lange her, dass ich eine solche Waffe in den Händen hielt", sagt Stiller Fels und zittert mit Pfeil und Bogen herum, dass es Hastiges Eichhörnchen angst und bange wird. Vorsichtshalber versteckt er sich hinter einem dicken Baumstamm. Von dem Baumstamm hinter Stiller Fels spannt derweil auch Kleiner Dachs seinen Bogen. Als Stiller Fels seinen Pfeil loszischen lässt, verschwindet der im Nirgendwo, doch der von Kleiner Dachs, ▷

der gleichzeitig geschossen hat, trifft genau und spaltet sogar den Pfeil von Hastiges Eichhörnchen. Stiller Fels kann es nicht fassen. Und wer kann es noch weniger fassen? Genau! Hastiges Eichhörnchen.

Schließlich hofft der junge Sioux, wenigstens bei der letzten Prüfung zu gewinnen: bei der Mustang-Dressur. Welch ein Glück, dass Yakari mit den Tieren reden kann! Denn er spricht mit einem der Mustangs ab, dass dieser Stiller Fels auf keinen Fall abwerfen soll.

„Ich werfe deinen Freund nicht ab, Yakari. Das verspreche ich dir", sagt das starke Pferd. Doch als Hastiges Eichhörnchen auf den dunkelgrauen, schönen Hengst springt, erlebt er einen wahren Höllenritt. Der Mustang stoppt plötzlich, und Hastiges Eichhörnchen fliegt in hohem Bogen von seinem Rücken. Dann versucht Stiller Fels sein Glück und klettert mühsam auf das Pferd. Prompt ist der Mustang seelenruhig und frisst Gras. So hat er es Yakari nämlich versprochen.

Da lacht Stiller Fels und sagt: „Na so was! Dieser Mustang ist ja schon so zahm wie ein Schaukelpferd."

„Du hast schon wieder gewonnen!", jubelt Yakari, doch Stiller Fels hat ihn durchschaut.

„Ich habe den Verdacht, Freunde haben mir sehr geholfen. Nicht wahr, Yakari? Freunde, die einiges vom Fischefangen, vom Bogenschießen und auch von Pferden verstehen."

Da wird Yakari verlegen und gesteht: „Ja, aber so ein Angeber durfte einfach nicht gegen dich gewinnen!"

Doch Stiller Fels mahnt: „Ist es denn an dir, zu entscheiden? Es gab einen sehr guten Grund, Hastiges Eichhörnchen gewinnen zu lassen! Die Älteren müssen den Jüngeren zur Seite stehen, sodass sie Selbstvertrauen und Zuversicht gewinnen."

Da kommt Hastiges Eichhörnchen.

„Du bist der Bessere von uns, Stiller Fels", gibt der junge Sioux zu.

Stiller Fels nickt und erwidert: „Ich habe ja auch viel, viel Erfahrung und vor allem gute Freunde. Du hast aber gezeigt, wie viel Mut und Ausdauer du besitzt, und du wirst bald ein großer Jäger sein."

„Hastiges Eichhörnchen", sagt Yakari, „kannst du mir vielleicht beibringen, so gut zu fischen wie du?"

Hastiges Eichhörnchen geht in die Knie und sieht Yakari direkt in die Augen. „Ja", sagt er freundlich, „das würde mich sehr freuen. Komm mit mir zum Fluss, Yakari!" Als sie sich zu Stiller Fels umdrehen, schläft dieser friedlich an einem Baumstamm. Es war ja auch ein anstrengender Tag für den alten Mann. Und Hastiges Eichhörnchen weiß nun: Es gibt immer einen, der besser ist. Aber ein guter Freund erwärmt das Herz mehr als jeder Sieg der Welt.

▶▶▷◁◀

TOLLE INDIANERSACHEN SELBER MACHEN

FRIEDENSPFEIFE

Das brauchst du

- Knicktrinkhalm
- Tonpapier
- Schnur
- Federn
- Perlen
- Klebefilm, Klebstoff

So wird's gemacht

1. Male dir z. B. mithilfe einer großen Tasse auf Tonpapier einen Kreis auf und schneide ihn aus.

2. Von einer Seite schneidest du dann den Kreis bis zur Mitte ein. Jetzt kannst du das Papier zu einem Trichter drehen und die Seiten festkleben, damit das Gebilde zusammenhält.

3. Die Spitze des Trichters schneidest du ein kleines Stückchen ab, sodass das abgeknickte Ende des Trinkhalms hindurchpasst. Befestige den Trichter mit Klebefilm am Trinkhalm.

4. Deine Friedenspfeife muss nun nur noch verziert werden: Beklebe den Pfeifentrichter mit Mustern aus Tonpapier oder male ihn an. Fädele Perlen und Federn auf eine Schnur und knote diese an den Trinkhalm. Schneide Streifen aus Tonpapier und klebe diese mit Federn oder aufgefädelten Perlen über dem Trinkhalm zusammen.

PILIPI, DER WEISSE WAL

Wieder einmal reitet Yakari auf seinem Pony Kleiner Donner durch die weite Prärie. Als die Sonne beim Untergehen das Indianerland in rotes Licht taucht, erfreuen sich die beiden Freunde an dem herrlichen Anblick. Kleiner Donner geht gemächlich durch die Nacht. Yakari liegt gemütlich auf seinem Rücken und betrachtet die funkelnden Sterne. Da hören sie plötzlich in der Nähe des großen Teiches, nicht weit vom Indianerlager, ein unheimliches Geräusch, das wie ein lautes Fiepen klingt.

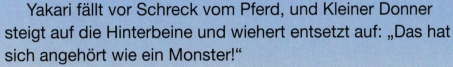

Yakari fällt vor Schreck vom Pferd, und Kleiner Donner steigt auf die Hinterbeine und wiehert entsetzt auf: „Das hat sich angehört wie ein Monster!"

„Monster gibt es nicht, das weißt du doch!", antwortet Yakari besänftigend, aber auch ihm ist es ein bisschen mulmig geworden.

„Sicher?" Kleiner Donner zittert immer noch, als Yakari wieder auf seinen Rücken klettert. Als sie am Teich ankommen, liegt dieser glatt wie ein Spiegel vor ihnen.

„Siehst du", beruhigt Yakari seinen Freund. „Da ist niemand." ▷

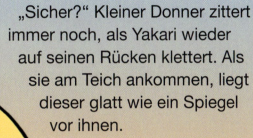

143

Kaum haben sie sich umgedreht, tönt dieses grauenhafte Pfeifen wieder durch die Nacht. Schockiert fahren sie herum und sehen einen monströsen weißen Berg aus dem Wasser auftauchen. Vor Angst laufen sie weg, zurück ins Dorf.

„Du hattest recht", sagt Yakari mit zitternder Stimme. „Es ist wirklich ein Monster."

Aber die geheimnisvolle Erscheinung lässt Yakari keine Ruhe. Aus Neugierde schleichen er und Kleiner Donner am nächsten Tag wieder um den Teich. Doch nicht das Monster taucht auf, sondern der kleine Biber Lindenbaum.

„Lindenbaum! Schnell weg da! In dem Teich ist ein Monster." Yakari zerrt den verdutzten Biber aus dem Wasser.

Dann lacht Lindenbaum.

„Uns hat er gestern auch erschreckt. Aber er ist kein Monster, er ist mein neuer Freund. Der große weiße Fisch." Und – plopp – springt der Biberjunge zurück in den Teich.

Gleich darauf taucht er wieder auf dem Rücken des Untiers auf. Dieses ist höher als ein Fels und glänzt weiß wie unberührter Schnee. Yakari schlottert bei diesem Anblick.

Einen Augenblick später kracht das Ungetüm mit einem fürchterlichen Platsch zurück ins Wasser.

Völlig verstört flüchten Kleiner Donner und Yakari ins
Gebüsch am Ufer. Aber dann geschieht etwas Seltsames!

Das Ungetüm ruft: „Kommt zurück, ich brauche Hilfe, ich
komme hier nicht weg! Ich wollte euch nicht erschrecken! Ich
mache nur so gerne Spaß! Bitte verzeiht mir."

„So einen großen Fisch wie dich habe ich noch nie
gesehen", staunt Yakari.

„Ich bin aber gar kein Fisch", erklärt ihm das seltsame
Tier. „Ich bin ein Weißwal und gehöre zu den Säugetieren.
Ich komme aus dem hohen Norden. Mein Name ist Pilipi."

Nun erzählt Pilipi, dass er die Welt bereisen wollte und
deshalb durch den großen Fluss geschwommen ist. ▷

„Und dann habe ich den Teich mit den Bibern darin gesehen und bin zu ihnen hinübergehüpft." Der Teich ist aber zu klein für Pilipi, um Schwung für den Sprung zurück in den Fluss zu holen.

Yakari überlegt.

„Wenn wir mehr Wasser hätten", sagt er, „viel mehr Wasser, würde sich der Teich wieder mit dem Fluss verbinden. Doch dazu müsste es regnen."

Nach Regen sieht es leider gar nicht aus.

Also beschließt Yakari, Müder Krieger um einen Regentanz zu bitten, den dieser besonders gut ausführen kann. Müder Krieger beginnt sofort mit dem Tanz.

Jedoch bewegt er sich so langsam, dass Yakari sagt: „So kann das noch viele Monde dauern. Ich muss mir etwas anderes einfallen lassen."

Zum Glück gibt es ja Yakaris Beschützer, sein Totem Großer Adler, der Yakari auch nun wieder zu Hilfe kommt.

„Suche jenseits des Offensichtlichen!", sagt der Adler.

„Was meinst du?", fragt Yakari.

„Versickertes Wasser bleibt der Erde treu", erklärt Großer Adler noch, dann fliegt er davon.

„Was?" Yakari überlegt: „… bleibt der Erde treu! Was kann das bedeuten?" Und weil ihm nichts anderes einfällt, möchte er Pilipi über die Erde in den Fluss zurückziehen.

Kleiner Donner zweifelt: „Unmöglich! Das klappt niemals!"

Plötzlich haben sie eine Idee! Vielleicht könnte ein starker Elch es schaffen, den Wal zu ziehen. Schnell läuft Yakari in den Wald und bittet einen seiner Elchfreunde um Hilfe. ▷

Doch trotz einer Pferdestärke und eines Elchs gelingt es ihnen nicht, Pilipi zurück in den Fluss zu schieben. Die Zeit wird langsam knapp, denn wenn Pilipi zu lange auf dem Trockenen liegt, muss er sterben.

Endlich hat Yakari die zündende Idee: Rundstämme. Lindenbaums Bibereltern schleppen so viele her, wie sie können. Doch der arme Pilipi wird schwächer und schwächer. Schließlich schaffen sie es doch noch mit

vereinten Kräften, den Wal über die rollenden Stämme zu ziehen und zu schieben.

„Nur noch ein kleines Stück!", feuert Yakari die anderen an. Auf einmal landet Pilipi mit einem lauten Platschen endlich wieder im Fluss.

„Wir haben es geschafft!", jubelt Yakari. Und dann – Kleiner Donner und Yakari können es kaum glauben – beginnt es zu regnen. Müder Kriegers Tanz hat tatsächlich gewirkt.

Und für Pilipi ist die Zeit nun gekommen, nach Hause zu schwimmen.

„Ich werde euch nie vergessen", verspricht der weiße Wal zum Abschied.

Auch Kleiner Donner und Yakari wird der Schreck immer in Erinnerung bleiben – und die Freude darüber, dass es wirklich keine Monster gibt.

MIT YAKARI DIE NATUR ENTDECKEN

VÖGEL ERKENNEN

Teil 2

Auf dieser Seite findest du weitere Vögel aus Yakaris Welt in Nordamerika. Übrigens: Vogelfedern hatten eine ganz besondere Bedeutung für die Indianer. Wie du schon aus Yakaris Geschichten weißt, durften nur besonders mutige Stammesbrüder eine Adlerfeder tragen. Gefärbte oder eingeschnittene Federn zeigten genau, was einem bestimmten Indianer schon einmal passiert war, zum Beispiel, ob er im Kampf verwundet wurde oder wie viele Heldentaten er bereits vollbracht hatte.

Steinadler

Steinadler bauen ihre Nester in schwer erreichbaren Gebirgsregionen. Deshalb galt es bei den Indianern als großer Tapferkeitsbeweis, wenn ein Stammesbruder Adlerfedern sammeln konnte.

Zur Nahrung der Vögel gehören hauptsächlich kleine Säugetiere wie Mäuse oder Kaninchen.

Steinadlerweibchen sind größer als die Männchen. Ihre Flügelspannweite kann über zwei Meter betragen.

Falke

Falken sind außerordentlich gute Jäger. Sie erspähen mit ihren scharfen Augen ihre Beute im Flug oder von einem Hochsitz aus und jagen sie dann, zum Beispiel kleine Säugetiere, andere Vögel oder Reptilien.

Da Falken eine besonders aufgebaute Wirbelsäule haben, können sie ihren Kopf um 180 Grad drehen, also einmal halb herum nach hinten.

Falken bauen keine eigenen Nester. Entweder benutzen sie verlassene Nester anderer Vögel oder sie brüten einfach in natürlichen Mulden, zum Beispiel in Felswänden oder in Astgabeln von Bäumen.

Kalifornischer Kondor

Yakari hat einmal im Gebirge einen dieser mächtigen Vögel getroffen. Der Kondor galt bei den Indianern als „Donnervogel". Sie glaubten, dass er Gewitter mit Blitz, Donner und Regen brächte.

Der Kopf des Kondors hat keine Federn, typisch ist seine Halskrause aus feinen Federn.

Kondorweibchen legen nur ein einziges Ei in eine Fels- oder Baumhöhle ohne Nest. Das Küken schlüpft nach 55—60 Tagen.

DER VERIRRTE PELIKAN

Regenbogen, Kleiner Donner und Yakari besuchen die Biberfamilie vom kleinen Biber Lindenbaum. Diese hat eine neue Biberburg gebaut.

Plötzlich fällt ein großer Vogel vom Himmel mitten in das Bauwerk und zerstört es. Weder die Kinder noch die Biber noch Kleiner Donner haben je so einen Vogel gesehen.

„Ein komischer Vogel", findet Yakari. „Was macht er wohl hier?"

Kleiner Dachs lacht laut. „Ist der hässlich!", spottet er. „Seht euch mal den Schnabel an!"

„Also so was", empört sich Vater Biber, weil sein mühevoll errichteter Damm nun kaputt ist. „Wo hast du Spaßvogel denn fliegen gelernt?"

Der Vogel niest.

„Ich wo-wo-wollte Fische fangen, aber i-i-ich bin beim Landen ausgerutscht", stottert er.

Der Bibervater tobt, woraufhin der Vogel aus dem Wasser flattert und dabei aus Versehen Kleiner Dachs umwirft.

„Siehst du nicht, dass er krank ist?", besänftigt Yakari den Biber.

Regenbogen untersucht den kranken Flügel des fremden Vogels sorgenvoll.

Dann erzählt der Vogel ihnen: „Ich bin ein Pelikan und wollte in die Sonne fliegen, dann hat mich ein heftiger Sturm einfach, einfach – hatschi! …"

„… In den Norden geweht, und hier hast du dich erkältet", beendet Yakari den Satz.

Der Pelikan versucht sich aufzuraffen, aber nach

einigen Schritten stolpert er kopfüber ins Gras.

„Nicht einmal richtig laufen kann dieser Spaßvogel", macht sich Kleiner Dachs über ihn lustig. Auch Kleiner Donner lacht den Pelikan aus.

Das macht nicht nur Regenbogen wütend, sondern auch Yakari.

„Du hast es doch gehört, Kleiner Dachs. Das ist ein Pelikan. Ein Pe-li-kan! Und wir bleiben jetzt hier und passen auf ihn auf, damit ihn kein anderes Tier in der Nacht bedroht."

Gespannter Bogen, ein Jäger aus Yakaris Stamm, verbirgt sich im Gebüsch und hört, was Yakari sagt.

„Sieh an, sieh an, sieh an!", murmelt er. „So ein fremdartiges Flugtier fehlt mir noch in meiner Sammlung." Als die Kinder schlafen, nutzt Gespannter Bogen die Gelegenheit und schießt einen Pfeil auf den Pelikan. In diesem Moment muss der Pelikan jedoch niesen und lenkt dadurch den Pfeil ab, der wieder zurückfliegt auf den Baum, unter dem der Indianer lauert. Dort löst er einen Zapfen, der dem Jäger direkt auf seine Nase fällt.

„Au!", schreit Gespannter Bogen und läuft weg.

Am nächsten Morgen beschließen die Kinder, ein paar Fische zu fangen, damit der Vogel wieder zu Kräften kommt. Zunächst hat Kleiner Dachs kein Glück beim Jagen. Dann durchbohrt er doch noch einen Fisch mit dem Speer. Stolz hält er ihn in die Luft.

„Ich hab einen für dich, Spaßvogel!", ruft er.

„Pelikan heißt er, Kleiner Dachs", belehrt ihn Yakari.

„Ja, ja", lenkt Kleiner Dachs ein. „Dann halt Pelikan. Fang!" Der Pelikan fängt den Fisch mit seinem großen Schnabel auf. „Bitte, jetzt ist er satt! Und das hat er mir zu ▶

verdanken: Kleiner Dachs, dem Schrecken aller Fische!",
brüstet Yakaris Freund sich.

Aber so ein Pelikan ist ein großes Tier, und ein einziger
Fisch ist für ihn nur ein winziges Häppchen.

„Du bist ja der reinste Gierschlund", mault Kleiner Dachs.

Dann fängt Regenbogen mit viel Geschick drei Fische, die
der Vogel ebenfalls hungrig verschlingt.

„Ich fass es nicht", jammert Kleiner Dachs. „Er hat vier
große Fische verschluckt und ist noch immer nicht satt."

„Zu dumm", grinst Regenbogen, „dass der Schrecken
aller Fische so lange nichts gefangen hat."

„Für diesen Vielfraß kann keiner genug Fische fangen",
spottet Kleiner Donner.

„Ich wüsste jemanden, der uns helfen kann", mischt sich

Yakari ein. Kurzerhand laden sie das kranke Tier Kleiner Donner auf den Rücken, dem das gar nicht gefällt.

„Hast du auch noch Steine gefuttert?", zetert das Pony. „Du bist ja so schwer, dass ich dich kaum tragen kann."

„Ja, ja, ja", seufzt der Pelikan. „Ich weiß, ich fall euch nur zur Last." Als Kleiner Donner heftig nickt, fügt das kranke Tier hinzu: „Überlasst mich meinem Schicksal! Ich komme allein zurecht. Ganz allein."

„Gute Idee", stimmt Kleiner Donner zu. Yakari ist entsetzt über seinen Freund.

„Nein, wir lassen ihn natürlich nicht im Stich!", beruhigt der Mustang schnell Yakari. „Auch wenn er fauler ist als ein Bär im Winterschlaf und tollpatschiger als ein junges Fohlen." ▷

Gespannter Bogen folgt ihnen und hofft auf eine Möglichkeit, den Pelikan abzuschießen. Doch als er zielt, baut sich plötzlich ein riesiger Braunbär vor ihm auf. Schreiend flieht er. Dafür freut sich Yakari über die Begegnung.

„Dich haben wir gesucht", jubelt er. Denn der Braunbär ist sein Freund, und niemand kann so schnell so viele Fische fangen wie er.

Endlich ist der Pelikan satt und bald schon gesund. Elegant fliegt er durch die Luft. Die Kinder bewundern seinen Flug. Aber Gespannter Bogen zielt schon wieder auf ihn. Geschickt lenkt der Pelikan den Pfeil mit seinem Flügel ab. Dann verfolgt er den fliehenden Jäger.

Selbst Kleiner Dachs ist beeindruckt. „Du bist schnell wie ein Falke und schwebst erhaben wie ein Adler."

Auch Kleiner Donner hat sich in dem Pelikan getäuscht: „Ich war sehr gemein zu dir. Bitte verzeih mir, Pelikan."

„Aber das hat dich, Kleiner Donner, nicht davon abgehalten, mir das Leben zu retten. Ohne dich hätte ich euren Freund, den Bären, niemals erreicht", zeigt sich der Vogel nicht nachtragend.

Und um sich zu bedanken, fängt er für den staunenden Braunbären acht Fische mit einem Happs. Dem Biber Lindenbaum schenkt er einen Rundflug in seinem Schnabel. Und alle sind sich einig: Manchmal muss man eben genauer hinsehen, um die wahren Werte eines Wesens zu erkennen.

FEDER-PERLEN-ARMBAND UND FEDERKETTE

Das brauchst du

Für das Feder-Perlen-Armband:

▷ Gummi-Aufziehband

▷ Holzperlen in verschiedenen Größen und Farben

▷ kleine Federn

▷ evtl. Klebstoff

Für die Kette:

▷ Federn

▷ Perlen

▷ Lederband

▷ Verpackungschips oder Korken

▷ dicke Nadel oder Holzspieß

So wird's gemacht

Feder-Perlen-Armband

1. Schneide das Gummiband so lang ab, dass es gut um dein Handgelenk passt und es noch reicht, einen Knoten zu machen.

2. Jetzt kannst du nach Lust und Laune Perlen auffädeln, bis das Band voll ist. Dann verknotest du die Enden mit einem Doppelknoten.

3. In die Löcher der kleineren Perlen klemmst du dann noch ein paar Federn. Wenn du ein Tröpfchen Klebstoff auf das Ende der Federn gibst, halten diese noch besser.

Kette

Auf das Lederband ziehst du abwechselnd Perlen und Korken oder Verpackungschips (z. B. aus Mais) auf. Lass dir beim Durchstechen der Korken von einem Erwachsenen helfen. In die Korken oder Chips steckst du dann noch ein paar Federn – fertig! Wenn du willst, kannst du die Korken noch bunt anmalen.

DIE GROSSE DÜRRE

m Indianerland herrscht große Dürre. Es hat zu lange nicht mehr geregnet. Die Flüsse sind ausgetrocknet und die Quellen versiegt. Nun wird es Zeit für das Volk der Sioux, ihre Tipis weiter im Norden, bei den Großen Seen, aufzuschlagen. Denn ohne Wasser kann kein Lebewesen überleben.

Aber Yakari möchte nicht ohne seinen Mustang Kleiner Donner gehen, der schon vor Tagen aufgebrochen ist, um Wasser zu suchen. Zusammen mit seiner Freundin Regenbogen macht er sich auf die Suche nach dem Pony.

In einem staubtrockenen Flussbett tritt Yakari einen großen Stein zur Seite, ohne zu wissen, dass sich darunter eine Schlange vor der heißen Sonne schützt. Sie zischelt die Kinder gefährlich an. Regenbogen fürchtet sich.

Da stellt sich Yakari vor sie und sagt: „Nein, beiß sie nicht! Ich hab deinen Stein umgedreht."

„Ich und beißen", züngelt die Schlange, „kommt gar nicht infrage. Ich bin doch keine Klapperschlange."

„Oh, entschuldige, ich hatte solche Angst", lächelt Yakari.

„Wir hatten alle Angst. Ich habe mich auch erschrocken, als du den Stein von mir weggestoßen hast", erwidert die Schlange. „Ich heiße Rotkopf."

„Ich bin Yakari, und das ist Regenbogen. Wir sind Freunde."

„Regenbogen. Was für ein außergewöhnlicher Name!", zischelt die Schlange. „Und was macht ihr kleinen Sioux hier?" ▷

„Ich suche meinen Freund Kleiner Donner. Er ist ein schwarz-weißes Pony, und ich muss seine Spur unbedingt finden", sagt Yakari.

„Da bist du auf der richtigen Fährte. Ich hab ihn heute Morgen gesehen", erklärt Rotkopf und schlängelt sich durch den Sand.

„Sieh mich an! Ich habe keine Angst mehr vor dir. Bitte hilf uns, Kleiner Donner zu finden", fleht Yakari.

„Du bist mutig", sagt Rotkopf. „Und ich schätze Geschichten über Freundschaft. Ich helfe dir. Es gibt keinen besseren Fährtenleser als eine Schlange."

Die Kinder beeilen sich, Rotkopf zu folgen.

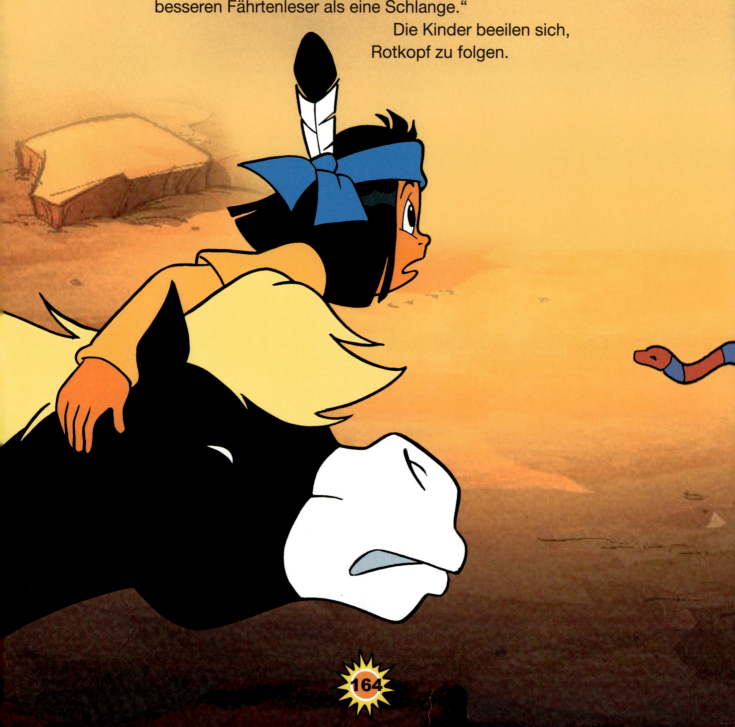

Inzwischen torkelt Kleiner Donner schwach zum nächsten Teich, von dem nur rissige Erde übrig ist. Auch hier gibt es kein Wasser mehr. Kraftlos und müde legt sich das Pony in den Schatten eines verdorrten Baumskeletts.

Da hört es plötzlich eine Stimme: „Kleiner Donner! Endlich haben wir dich gefunden", ruft Yakari.

„Yakari! Aber da ist ja eine Schlange!", ängstigt sich Kleiner Donner.

„Das ist Rotkopf. Er ist unser Freund. Er hat mich zu dir geführt. Wir ziehen in den kühlen Norden", ermuntert der kleine Sioux seinen treuen Gefährten.

„Ich kann nicht mitkommen", schüttelt das Pony leicht den Kopf. „Die Beine tragen mich nicht mehr. Ich brauche unbedingt Wasser."

Yakari schmerzt sein kleines Herz, als er den Freund so leiden sieht. „Ich lasse dich nicht im Stich!" Doch was sollen sie tun?

Und wieder ist es Rotkopf, der sagt: „Lasst mich euch noch einmal helfen! Ich verrate euch ein Geheimnis: Es gibt eine verborgene Quelle, und niemandem ist es erlaubt, sich ihr zu nähern. Mit Regenbogens Hilfe jedoch bestünde eine Chance, an das Wasser zu kommen." ▷

„Mit Regenbogens Hilfe?", fragt Yakari erstaunt.

„Wir müssen uns beeilen", drängt Rotkopf. Schnell folgen ihm die Kinder.

„Warum führst du uns zu diesem Fluss? Er ist doch ausgetrocknet", keucht Yakari atemlos.

Rotkopf schlängelt sich um einen Steinhaufen. „Siehst du diesen Hügel aus Steinen? Darunter befindet sich eine Quelle. Das ist das Geheimnis, von dem ich sprach." Yakari zieht einen Stein beiseite, und tatsächlich fließt ein bisschen Wasser heraus.

„Wasser!", freut sich Yakari. „Schnell, wir müssen die Beutel füllen."

„Nein!", sagt Rotkopf. „Wartet! Die Hüter der Quelle müssen es uns erst gestatten." Plötzlich schlängeln sich von allen Seiten rot-blaue und gelb-braune Schlangen über den ausgedörrten Boden auf die Quelle zu.

„Habt keine Angst, sie sind nicht giftig!", beruhigt Rotkopf die erschrockenen Sioux-Kinder.

„Sprich, Rotkopf!", sagt eine besonders große rot-blaue Schlange. „Warum verrätst du diesen Sioux-Kindern unser Geheimnis?"

„Die Sioux sind in der Prärie zu Hause, Blaukopf. Sie brauchen das Wasser, um ihren Freund zu retten."

„Sehr schön", zischelt Blaukopf. „Aber diese Quelle muss geheim bleiben. Ohne sie werden wir verdursten."

„Es muss sein", widerspricht Rotkopf.
„Im Namen der uralten Freundschaft zwischen
Menschen und Schlangen. Im Namen der großen
Regenbogenschlange."

„Die große Regenbogenschlange?", züngelt Blaukopf
bedrohlich. „Ihr Name ist uns allen heilig. Ich hoffe, du hast
einen guten Grund, ihren Geist anzurufen?"

Rotkopf beginnt: „Meine Freunde! Dies ist Yakari, und
dieses Menschenkind hier trägt den Namen Regenbogen."

Die Schlangen horchen auf.

„Genau wie die heilige Schlange!" ▷

„Ist das nicht ein Zeichen, dass wir ihnen helfen müssen?", fragt Rotkopf.

Nachdem die Kinder versprochen haben, das Geheimnis der Schlangen zu bewahren, dürfen sie ihre Wasserbeutel füllen. Im letzten Augenblick können sie Kleiner Donner vor dem Verdursten retten.

„Vielen Dank, Rotkopf. Du hast mir das Leben gerettet", sagt Kleiner Donner. „Das Geheimnis der Quelle soll unsere Freundschaft für immer besiegeln."

Dann zieht das
Volk der Sioux gen Norden.
Yakari möchte seinem Stamm so
gerne das Geheimnis der Quelle verraten.
Aber Regenbogen sagt schnell: „Wir
sollten an die Regenbogenschlange denken
und hoffen." Plötzlich braut sich ein Gewitter
zusammen. Es regnet!
„Seht nur dort!", ruft Stiller Fels und zeigt auf
einen prachtvollen Regenbogen, der sich über
den Horizont spannt. „Seht nur den schönen
Regenbogen! Der Mensch darf die Hoffnung nie
aufgeben."

TIERSPUREN LESEN

Wenn ein Tier im weichen Boden oder im Schnee seine Pfotenabdrücke hinterlässt, nennt man das eine „Fährte". Dabei sehen die Abdrücke immer unterschiedlich aus, je nachdem, ob das Tier sich langsam oder schnell bewegt hat.

Yakari bewundert die großen Fährtenleser seines Stammes, allen voran seinen Vater Kühner Blick. Der kann in den Tierspuren „lesen", das heißt, wichtige Jagdbeute aufspüren, neue Jagdgründe auskundschaften und erkennen, wenn Gefahr droht. „Warme" Fährten nennt man solche, die gerade erst entstanden sind, das Tier also noch in der Nähe ist. Ältere Spuren sind „kalt".

Bär:

Yakari zeigt dir auf dieser Seite
Tierspuren, die er schon gut erkennen
kann. Am einfachsten sind natürlich
die Hufabdrücke von Kleiner Donner.
Achte auch du einmal darauf, wenn
du im Park oder Wald eine Stelle
mit weichem Boden findest oder es
geschneit hat – vielleicht entdeckst du
Vogel- oder Kaninchenspuren!

Hase:

Elch:

Pferd:

Wolf:

IM LAND DER WÖLFE

Der Winter hat eine weiße Decke über die Landschaft gebreitet. Die Kinder des Stammes sausen auf Tierfellen die verschneiten Hänge hinunter. Plötzlich hören sie Wolfsgeheul. Kleiner Donner flieht erschrocken sofort ins Dorf.

Kleiner Dachs sagt: „Na, so ein Feigling!"

„Kleiner Donner ist kein Feigling, er hat nur Angst vor den Wölfen", verteidigt Yakari seinen Freund.

„Aus gutem Grund", behauptet der Indianerkrieger Unruhiger Wolf, den das Heulen der Wölfe anlockt. „Die Tiere haben bessere Instinkte. Weit bessere als wir jämmerlichen, schwachen Menschen. Aber diesmal werde ich ihn erwischen!", ruft er, und schon ist er unterwegs auf Wolfsjagd.

Regenbogen, Yakari und Kleiner Dachs sehen ihm verdutzt hinterher.

„Soll ich dir vielleicht suchen helfen?", möchte Yakari wissen.

„Kommt nicht infrage", wehrt Unruhiger Wolf das Angebot ab. „Lauft schon!", scheucht er die Kinder ins Indianerdorf zurück. „Und sagt dem Stamm, dass die Wölfe da sind."

Yakari und Kleiner Dachs kommt das Benehmen von Unruhiger Wolf sonderbar vor. Doch dann erzählt ihnen Regenbogen die Geschichte von der ersten Begegnung zwischen Unruhiger Wolf und einem riesigen Wolf.

„Der Wolf sprang ihn an, und nur mit großer Mühe schlug er ihn in die Flucht. Unruhiger Wolf hatte das Tier schwer an der Pfote verletzt. Aber er trug auch zwei Narben davon: eine an seinem Arm und eine an seiner Seele. Seitdem kann er nur noch an eines denken – die Rache an dem Wolf, den er Dreifuß nennt."

Yakari nimmt sich vor, den Wolf namens Dreifuß zu finden, um den Streit zwischen ihm und Unruhiger Wolf zu schlichten. Doch da gibt es ein Problem: Kleiner Donner wirft ihn aus Angst vor den Wölfen ab und läuft weg. ▶

Schweren Herzens macht sich Yakari alleine auf den Weg, um Dreifuß zu suchen. Er folgt den frischen Wolfsspuren im Schnee. Plötzlich steht ein riesiger Wolf vor ihm. Yakari hat große Angst, aber der Wolf geht einfach an ihm vorbei.

Großer Adler, der sich zu Yakari gesellt, fragt ihn: „Wenn Unruhiger Wolf Grund hat, die Wölfe zu fürchten, gilt dann dasselbe auch für dich?"

Yakari sieht sein Totem fragend an.

„Denke also nach! Ich schenkte dir die Gabe, mit den Tieren zu sprechen. Finde es also selbst heraus."

Danach führt Großer Adler Yakari zu den Wölfen. Yakari entdeckt eine Wolfsmutter mit ihren Welpen und beobachtet sie heimlich.

Plötzlich ertönt eine Stimme neben ihm: „Darf ich dir meine Familie vorstellen?"

„Dreifuß?" Der Wolf nickt und verrät dem Indianerjungen: „Es besteht kein Grund für euch Menschen, uns Wölfe zu fürchten, denn wir greifen nur an, wenn wir uns bedroht

fühlen. Und so war das mit dem Jäger von eurem Stamm.
Er war gekommen, um uns zu jagen."

„Wenn ihr nichts Böses wollt", fragt Yakari, „warum heult
ihr dann so laut? Das macht uns große Angst."

„Das ist kein Geheul. Das ist unser Gesang. So hört sich das
nun mal an", erklärt der große Wolf. „Ich hoffe", sagt Dreifuß
zum Abschied, „du hast nun nie wieder Angst vor uns."

„Nie wieder", verspricht Yakari und läuft nach Hause.

Dennoch schreckt den kleinen Sioux ein paar Nächte später
wieder der Wolfsgesang auf. Als er nachsieht, kommt Dreifuß
auf ihn zu.

„Dein Freund Unruhiger Wolf ist in Gefahr. Nur du kannst ihm
noch helfen."

Yakari folgt Dreifuß. Von einem Felsen aus beobachten
sie Unruhiger Wolf, der von einem Wolfsrudel umringt ist,
das ihn drohend anknurrt. ▷

„Sie haben ihn in eine Falle gelockt. Dein Freund kann nur entkommen, wenn er gelobt, die meinen zu achten, so, wie wir die deinen. Er soll seinen Respekt glaubhaft und für immer bekunden, und niemand außer dir kann ihm das erklären. Geh jetzt, Yakari!"

Immer enger schließen die Wölfe Unruhiger Wolf in ihrem Kreis ein. Yakari nimmt seinen ganzen Mut zusammen und tritt in die Mitte des Kreises.

„Lauf weg, Yakari!", ruft Unruhiger Wolf ihm zu. Stattdessen kommt Yakari immer näher. Unruhiger Wolf kann nicht fassen, dass die Wölfe um sie herum ganz ruhig abwarten. „Das ist Zauberei", staunt er.

Doch Yakari klärt ihn auf:

„Hör gut zu, Unruhiger Wolf! Die Wölfe hassen uns nicht. Sie wollen nur von uns respektiert werden, damit wir friedlich zusammenleben können. Wenn du bereit bist, ihnen diesen Respekt zu erweisen, werden wir heil zurückkehren."

Beschämt wirft Unruhiger Wolf seine Waffe und seinen Kriegerkopfschmuck ab, kniet mit gesenktem Kopf vor den Wölfen nieder und bezeugt ihnen so seinen Respekt.

Die Wölfe stehen sofort auf, weichen langsam zurück und geben den Weg frei.

„Danke, Yakari", sagt Unruhiger Wolf, während sie den Kreis der Wölfe verlassen. „Ich werde nie vergessen, was du für mich getan hast." Dreifuß verabschiedet sich mit seiner Familie noch von den beiden Menschen und schenkt ihnen ein zufriedenes Lächeln.

Als die beiden Sioux endlich das Indianerdorf erreichen, erwarten sie alle Stammesmitglieder aufgeregt.

„Mein Sohn", empfängt sie Yakaris Vater Kühner Blick. „Wir haben uns um dich und Unruhiger Wolf Sorgen gemacht."

„Ich bin von nun an Ruhiger Wolf", antwortet der Krieger. „Denn dank Yakari wohnt der Friede wieder in meiner Seele." Und darüber freuen sich alle Dorfbewohner und am meisten Unruhiger Wolf, den sie von nun an Ruhiger Wolf nennen.